车辆动力学

——基于多体理论的空气悬架系统研究

管西强　著

同济大学出版社
TONGJI UNIVERSITY PRESS

内 容 提 要

本书主要阐述了车辆空气悬架系统的建模、分析及优化的理论和方法。全书基于刚柔耦合多体系统动力学原理，开发了包括前独立空气悬架、转向系、后非独立空气悬架以及轮胎路面模型的整车多体系统虚拟样机仿真模型。在此基础上，对整车的操纵稳定性和舒适性进行研究，为车辆的开发提供理论上的依据；并针对空气弹簧的非线性特性，提出了适合于空气悬架的参数匹配的方法。

本书可作为高等院校车辆工程专业的本科及硕士教材，也可用作企业技术人员的培训教材，对从事车辆工程研究的技术人员也有参考价值。

图书在版编目(CIP)数据

车辆动力学：基于多体理论的空气悬架系统研究 / 管西强著. —上海：同济大学出版社，2020.9

ISBN 978-7-5608-9481-2

Ⅰ.①车… Ⅱ.①管… Ⅲ.①车辆动力学 Ⅳ.①U270.1

中国版本图书馆 CIP 数据核字(2020)第 170965 号

车辆动力学——基于多体理论的空气悬架系统研究

管西强 著

责任编辑 张智中 **责任校对** 徐春莲 **封面设计** 钱如潺

出版发行 同济大学出版社 www.tongjipress.com.cn
(地址:上海市四平路 1239 号 邮编:200092 电话:021-65985622)

经 销 全国各地新华书店

排 版 南京文脉图文设计制作有限公司

印 刷 句容市排印厂

开 本 710 mm×960 mm 1/16

印 张 8.5

字 数 170 000

版 次 2020 年 9 月第 1 版 2020 年 9 月第 1 次印刷

书 号 ISBN 978-7-5608-9481-2

定 价 48.00 元

前　言

悬架系统是车辆重要的总成，其设计的成功与否是决定整车设计水平的关键因素之一。随着数学、力学、计算机信息科学等学科的发展而逐步完善起来的多体系统动力学和基于多体理论的数字化虚拟样机技术为解决汽车悬架及整车的分析、设计和优化问题提供了有力的工具。

基于多体系统动力学原理，本书开发了包括前独立空气悬架、转向系、后非独立空气悬架以及轮胎路面模型的整车多体系统虚拟样机仿真模型。建模过程中，对所涉及的约束关系进行了严格的分析，力求合理体现各部件之间的相对运动关系，并通过各种途径对模型中所需运动学、动力学等各种参数进行了收集，力求模型的精确化，并利用最小二乘法拟合了空气弹簧的非线性负载特性，通过试验数据计算得到橡胶衬套的线性刚度。

就橡胶弹性元件对双横臂独立悬架运动学参数的影响作了深入研究，弹性元件的合理使用使得转向轮定位参数向有利于操纵稳定性的趋势发展。提出了空气悬架动态刚度计算的方法，并分析了双横臂导向机构对悬架动刚度的影响。在低地板城市客车道路试验的基础上，利用所开发的整车虚拟样机对操纵稳定性和平顺性进行了仿真研究，包括稳态转向特性、开环瞬态操纵稳定性、驾驶员模型的移线瞬态操纵稳定性、脉冲路面平顺性和随机路面平顺性。

空气悬架具有很强的非线性刚度特性，所以其设计和匹配与普通悬架相比要复杂得多。本书从空气弹簧的静态负载特性试验数据入手，对空气弹簧的刚度特性和有效截面积的变化规律进行了研究，拟合了有效截面积与弹簧高度之间的关系曲线。在此基础上，提出了以设计高度的空气弹簧刚度取代虚拟样机空气悬架的非线性负载特性，按照固定刚度悬架的优化方法进行了悬架参数优选，再恢复到空气弹簧的负载特性的空气悬架参数优选方法。分析了非独立后空气悬架四连杆式导向机构的布置形式，通过调整横向推力杆的前后位置，仿真计算了导向机构对车辆稳态转向特性的影响，并进行了弹簧刚度改变后导向机构参数的相应匹配。

FOREWORD

Suspension systems are important components for automobiles, which not only take functional role of supporting forces and torques, but also have direct effect on the ride comfort and handling stability. The design of suspension is a key factor that decides the design of the whole vehicle. The theory of multi-body dynamics and virtual prototyping technique that developed with mathematics, mechanics and computer science is finding its wider and wider application in the engineering.

The modeling is built including independent front air suspension, steering system, dependent rear air suspension and tire-road interaction based on the multi-body dynamics. In the model, the constraints of the real parts are analysed strictly and the motion relationships among parts are described reasonably. All kinds of parameters, such as kinetic and kinematics parameters are collected by different ways and the error of the model is reduced. Concerning the load nonlinearity of the air spring and the stroke the suspension, the stiffness of the air spring is adopted by the parameters fitting method. Bushings are important components which have great effect on handling and riding of the vehicle. The linear stiffness of the bushings is taken into account also in the dynamics model and the stiffness is decided according to the test data.

Based on the rigid-flexible coupling model, influence of the bushings on kinematics characteristics for the double wishbone independent suspension system is examined, and the trend of the alignment parameters can be enhanced. A method for determination of dynamic nonlinear suspension stiffness is proposed and nonlinear effects of the double wishbone guide frame and the air springs on dynamic stiffness of the front suspension are investigated respectively. Road tests are performed for the low floor city bus according to the state regulations for vehicle test including steady manoeuvre condition, open-loop transient handling, close-loop lane change, impulse road input riding and random road input riding. The simulations by the virtual prototyping are also performed accordingly. Through comparison between the test and simulation results it is verified that the present virtual prototyping is valid and accurate as well as that numerical predictions for handling and riding of the low floor city bus are in fairly good agreement with experimental observations.

Because of nonlinearities of the air springs, the optimization of the air suspension parameters is more difficult than that of ordinary suspensions. Based on the test static load characteristics of air spring, the variety of the nonlinear stiffness and effective area of air spring are studied. The conclusion can be made that the effective area is unchangable following the inner pressure. At the mean time, by the analysis of the stiffness characteristics of air spring at the design height, it is shows that there exist linear corelation between the stiffness and inner pressure. According the above analysis, an effective method for the parameters design and match of air suspension is proposed. Firstly, an ordinary spring which stiffness is set as the air spring stiffness at the design height is used in the virtual prototyping. Then the parameters of the suspension can be optimized and designed according to the arithmetic that is used by constant stiffness suspension. And then, the air spring load characteristics should be calculated by the optimal parameters. The guide arm construction should be allocated carefully because of its large influence on the kinematics and dynamics of the suspension. The location of the transverse arm can change the steady handling characteristics of the full bus according to the simulation research based on the full bus digital model. And the further optimal research has been performed according to the variable of the stiffness of the air spring. The simulation and analysis is also performed by the low floor city bus virtual prototyping and the results verified the optimal method.

目 录

第1章 绪 论

1.1 概述

悬架系统是车辆重要的总成，由弹性元件、导向机构和减振器及横向稳定装置组成，把车架与车轴弹性地连接起来。悬架系统的主要任务是传递作用在车轮与车架之间的一切力和力矩，并缓和由不平路面对车身的冲击载荷，衰减由此引起的承载系统的振动，以保证汽车平顺地行驶。

空气弹簧作为悬架弹性元件的一种，被广泛使用到各种车辆悬架中，国外高级大客车几乎全部使用空气悬架。近年来，随着汽车技术的发展及国外空气悬架的引进，部分国内客车制造企业开始研究和采用空气悬架，如沈阳飞机汽车制造厂、北方汽车制造厂、厦门金龙联合汽车公司、亚星客车集团公司和丹东汽车制造厂等。由于空气悬架具有非线性刚度特性和相对复杂的导向传力机构，增加了空气悬架设计和匹配的难度。随着数学、力学、计算机信息科学等学科的发展而逐步完善起来的多体系统动力学和基于多体理论的数字化虚拟样机技术，为解决汽车悬架及整车的分析、设计和优化问题提供了有力的工具。

传统的车辆系统开发模式是基于物理样机的“设计—试验—设计”过程，已有文献[1]表明：有50%～80%的产品及其相关成本取决于设计过程，通常有1/4以上的开发时间耗费在物理模型和样机的制造上。显然，在激烈竞争的市场背景下，基于实际样机的设计验证过程严重地制约了产品质量的提高、成本的降低以及市场份额的占有。

虚拟样机技术是一门综合多学科的技术。该技术以机械系统运动学、动力学和控制理论为核心，加上成熟的三维计算机图形技术和基于图形的用户界面技术，将分散的零部件设计和分析技术（如零部件的CAD和Flex有限元分析）集成在一起，提供一个全新研发机械产品的设计方法。它通过设计中的反馈信息不断地改进设计，保证产品寻优开发过程顺利进行。虚拟样机技术可使设计人员在各种虚拟环境中真实地模拟系统的工作情况，快速分析多种设计方案；可以帮助设计人员完成无数次物理样机无法进行的仿真试验，直至获得系统的优化设计方案；此外，对于物理样机来说，它还是分析危险工况的最佳手段，如越野车辆的抗侧倾试验等。虚拟样机技术不但可以用于系统方案的论证及评估，而且可以用于产品的概念设计阶段、设计细化阶段、试验规划阶段以及工作状态再现等的全过程；并且可以在设计的早期及时发现潜在的问题。虚拟样机技术是提高产品质量、缩短产品开发周期、降低产品开发成本最有效的途径，是解决车辆与悬架设计问题的强而有力的工具和手段。

1.2 基于虚拟样机的车辆与悬架设计模式

1.2.1 基于虚拟样机的产品开发概念

虚拟样机技术是集信息技术、仿真技术、计算机技术于一体，使人们能够在基于虚拟现实的基础上，运用高速计算机与系统动力学、弹塑性力学、系统工程学、计算机可视化等技术，构造出一个能模拟现实系统的虚拟样机的建造与CAE分析环境。

如图1-1所示，同传统的基于物理样机的设计方法相比，虚拟样机设计方法具有以下特点：

(1) 全新的研发模式。传统的研发方法从设计到生产是一个串行过程，这种方法存在很多的弊端。而虚拟样机技术真正地实现了系统角度的产品优化，它基于并行工程，使产品的概念设计阶段就可以迅速地分析、比较多种设计方案，确定影响性能的敏感参数，并通过可视化技术设计产品、预测产品在真实工况下的特征以及所具有的响应，直至获得最优工作性能。

(2) 更低的研发成本、更短的研发周期、更高的产品质量。采用虚拟样机设计方法有助于减少或摆脱对物理样机的依赖。通过计算机技术建立产品的数字化模型(即虚拟样机),可以完成许多次物理样机无法进行的(成本和时间条件不允许)虚拟试验,从而可改进或优化设计方案。因此,不但减少了物理样机的数量,而且缩短了研发周期,提高了产品质量。

(3) 虚拟样机技术是实现动态联盟(Virtual Company)的重要手段。目前世界范围内广泛地接受了动态联盟的概念,即为了适应快速变化的全球市场,克服单个企业资源的局限性,出现了在一定时间内,通过Internet(或Intranet)临时缔结成的一种虚拟企业。为实现并行设计和制造,参盟企业之间产品信息的敏捷交流尤显重要,虚拟样机是一种数字化模型,通过网络输送产品信息,具有传递快速、反馈及时的特点,进而使动态联盟的活动具有高度并行性。

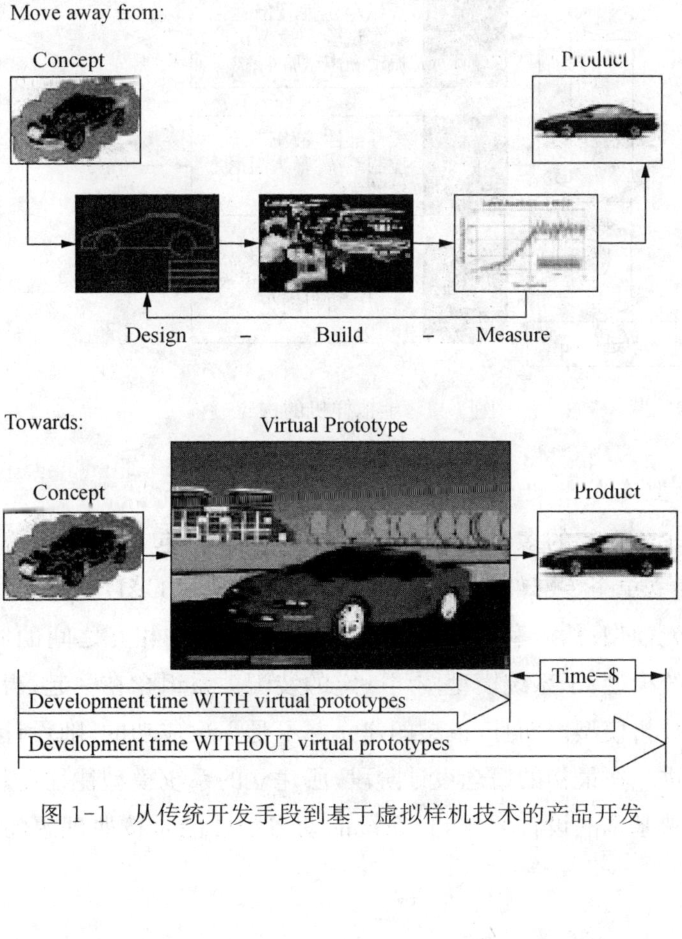

图1-1　从传统开发手段到基于虚拟样机技术的产品开发

1.2.2 虚拟样机的构建过程

车辆系统虚拟样机的构建一般经历以下几个过程[2]，如图 1-2 所示。

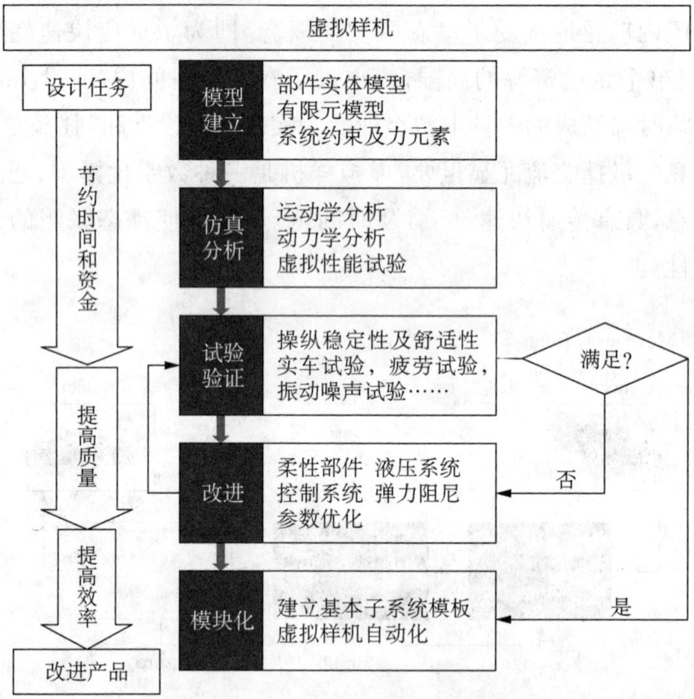

图 1-2 虚拟样机的构建过程

1. 模型建立

实际车辆系统的多体动力学分析模型的建立，包含的内容是非常丰富的：首先建立单个零部件的模型，包括刚体零部件的 CAD 模型、柔性体零部件的有限元模型；然后利用所建的零部件模型，施加相互之间的约束，建立各个子系统模型；子系统模型按照一定的装配关系组合在一起，得到整车系统的仿真分析模型。而且，模型的建立并不是一次成功的，随设计的进程而不断地改进。在最初的概念设计阶段，所建立的系统模型往往比较简单，但求能够反映基本的设计要求，且系统的动力学性能是按照理想的设计数据曲线来匹配，而不考虑实际车辆系统能达到的性能数据。举例来说，设计车辆悬架系统时，在初始阶段，悬架系统的虚拟样机模型仅仅包含整个车身和一系列体现设计要求的车身与车轮之间运动关系的理想数据曲线，暂不考虑悬架的具体结构形式；在后期的模型完善时，要选择悬架的具体结构形式，并优化悬架系统结构中各零部件的物理和几何参数，使之尽可能符合设计的要求。

2. 仿真分析

对实际的样车而言，性能的测试一般包含室内试验和道路试验。同样，虚拟样机的仿真分析也要完成相同的功能，针对室内测试，需要构建虚拟测试试验台；路面试验，要构建虚拟试验场地和跑道。虚拟样机的仿真分析只有与实际试验紧密配合，才能充分有效地发挥数字化功能样机技术的作用。

在虚拟样机开发的过程中，试验和仿真是即时进行的，而且在不同的开发阶段，内容和要求也是不一样的。

(1) 准备阶段：零部件的测试试验，为整个系统的虚拟样机提供准确的零部件物理和几何特征参数；参考车辆的基本性能试验，为虚拟样机的设计和开发过程提供参考数据。

(2) 概念设计阶段：按照车辆试验标准，进行基本性能的仿真分析，验证系统模型的基本参数和动力学性能参数。

一旦虚拟样机得到初步验证，样机参数的数值就开始趋于明朗。大量的系统或子系统的验证、零部件的选择以及性能参数的选择都可以通过仿真进行。

仿真分析是功能性虚拟样机技术的重要组成部分，同时，在不同的开发阶段，还要进行必要的物理样机试验来验证模型的改进、测试零部件或产品的结构等。

3. 试验验证

设计者能够根据虚拟样机仿真分析所提供的大量信息来快速做出正确决定的前提是这些信息必须能够真实地反映设计车辆的实际动力学性能，这就要求对系统的虚拟样机以及为建立虚拟样机而进行的假设进行严格的验证。典型的验证过程是首先对虚拟样机和参考车辆进行相同条件的试验,从而得到基本的性能参数;比较试验结果和仿真结果,标出其中有差异的地方,通过对虚拟样机进行灵敏度分析,找出设计参数中对性能影响大而且与试验结果不一致者;通过经验和计算机优化技术来改变这些参数,直至得到满意的结果。

4. 改进

对虚拟样机的改进包括两部分:提高模型的精度和完善产品设计。下面分别介绍。

随产品的设计进程的发展,越来越多的系统功能要在虚拟样机中得以体现,得到细化。随要求的提高,模型会变得越来越精细,越来越复杂。举例来说,对于动力系统的设计,在最初阶段,多刚体模型的精度足以有效地处理速度、布置空间和发动机能量输出之间的关系,可以有效地进行驱动系统拓扑结构的选择和性能参数的设计;随开发过程的深入,要考虑噪声、舒适性和振动等因素,多刚体模型显然已不能满足要求,需进一步改进,例如考虑部件的柔性、添加液压系统以及引入控制系统的模型等。虚拟样机的模型必须能够适应各个子系统不同复杂程度和精度的要求。

虚拟样机经过验证,且能与各子系统有效的配合后,并不意味着任务的完成,还要对样机模型和子系统模型从设计原理上进行完善,在物理样机功能试验的基础上,进一步改进零部件的设计参数、系统的拓扑结构以及制造公差等。

5. 模块化

以上过程可以有效降低产品开发费用,然而要达到同时减少开发时间的目的,还必须做到虚拟样机子系统建模的模块化。要达到虚拟样机模块化的程度,并不那么容易,它需要设计工程师、开发工程师、分析工程师、试验工程师等所有环节工作人员的密切配合。当然,模块化的回报也是巨大的。

1.2.3 虚拟样机技术的应用

产品的虚拟样机开发起源于20世纪90年代初波音飞机公司最先进客

机波音 777 飞机的开发。波音公司在计算机上完成了波音 777 飞机的整机设计、零部件设计和测试、整机装配以及各种环境下的试飞，使开发周期从过去 9 年缩短到 4.5 年，开创了数字化设计生产的新时代，是近年来引起科技界、企业界瞩目的一次重大突破。SGI 计算机系统使波音公司成功地建立了波音 777 飞机的虚拟样机，使设计师、工程师们能穿行于这架虚拟飞机中，审视飞机的各项设计。波音 777 飞机由 300 万个零件组成，计算机系统能够调出其中任何一个零件，进行修改设计。这不但使研发周期大大缩短、研发成本大大降低，而且确保了最终产品一次拼装成功。

国外虚拟样机技术的商品化过程已经完成并得到广泛地应用，应用领域从汽车制造业、工程机械、航空航天业、造船业、机械电子工业、国防工业、通用机械到人机工程学、生物力学、医学以及工程咨询等很多方面。美国《21 世纪制造企业的战略》特别强调指出，到 2006 年实现汽车工业敏捷生产/虚拟工程设想方案，实现对全车设计和制造工艺进行虚拟设计与虚拟制造，将开发周期由原来的 40 个月缩短到 4 个月。目前世界各大汽车公司都在采用虚拟样机技术提升产品竞争力。

欧美和日本的汽车公司在利用虚拟样机开发技术方面起步较早，已经具备较高水平的数字化开发能力：能够在开发阶段对汽车的各个分系统实现数字化设计，已经开发出数字化样车，实现了相当水平的汽车产品的虚拟设计和分析能力。例如福特汽车公司采用数字化虚拟产品开发和制造技术使其汽车开发周期由 36 个月缩短至 24 个月，图 1-3 是福特公司于 1996 年 6 月 4 日公布的一组数据，数据显示由于在 3 款新车型的开发项目中采用虚拟样机自动化技术，开发成本节省 4 000 万美元，由于缩短了开发周期，制造成本节省 1 亿多美元；通用汽车公司 1997 年利用 UG II 软件建成了第一个完全数字化的机车样机模型，并围绕这个数字模型并行地进行产品设计、分析、制造、模具/夹具工装设计和可维修性设计；日产汽车公司 1998 年投资 1 亿美元用于数字化汽车样车的开发；韩国和我国台湾在虚拟样机开发技术的利用方面也走在了前面，已经具备了一定的数字化开发能力，能够对汽车的各个分系统实现一定程度的数字化设计。

虚拟样机技术在国内的应用也已经展开。1996 年 3 月，航天部上海航

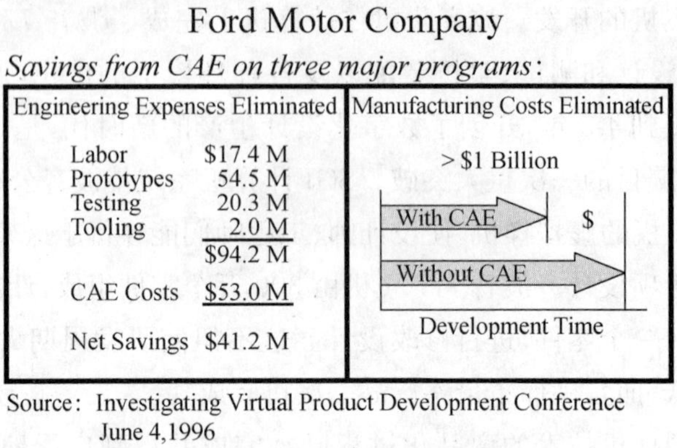

图 1-3　福特汽车公司公布的数据

天局第八零五研究所，利用虚拟样机分析软件 ADAMS，完成了国防科工委项目“空间站外翻式对接机构”的动力学仿真研究。该项目的主要目的是在空间站开发之前，预测空间站外翻式对接机构的性能，论证外翻式对接机构的结构设计是否合理，通过三维动画形象地演示对接过程。经过 8 个月的努力，第八零五研究所完成了外翻式对接机构虚拟样机的开发工作，课题取得了圆满成功。

虚拟样机技术在国内汽车制造业内引起了很大的关注，许多系统或子系统的性能研究、系统改进及优化等课题都是用虚拟样机技术来进行的。然而，真正如福特、宝马等公司那样进行新产品开发的还没有。

1.3　多体系统动力学概述

多体系统动力学是近 30 年来在经典力学基础上发展起来的专门解决机械系统的运动学和动力学问题的新的科学分支，包括多刚体系统动力学和多柔体系统动力学，与运动生物力学、航天器控制、机器人学、车辆设计、机械动力学等领域密切相关且起着重要作用。

1.3.1　多体系统动力学的发展

20 世纪 60 年代初，宇航及机械领域的一些学者们率先开始了多刚体力学的研究工作[3,4]。到了20世纪60年代末70年代初，美国、德国和苏联的一些学者提出了各自较为系统的理论和方法[5,6]。70年代初一些多刚体系统动力学的分析软件相继问世，多柔体系统动力学的理论工作已经展开。1977年，由国际理论与应用力学大会(IUTAM)主持召开的第一次国际多体系统动力学讨论会[7]在德国慕尼黑(Munich)举办。1983年，在美国举办了机械系统动力学计算机分析与优化讲习班，该活动对多体系统动力学的发展起到了很大的推动作用[8]。1985年，在意大利的乌迪内(Udine)，由国际机械与机构理论联合会(IFTOMM)联合主办的第二次国际多体系统动力学研讨会上，展示了代表多种多刚体系统动力学方法体系的最新成果[9]，它标志着多刚体动力学的日趋成熟。在这次会议上，多柔体系统动力学方面的研究也十分活跃。20世纪80年代中期和后期是多柔体发展较快的时期，不仅出现了大量的有关文献[10-14]，甚至还出现了有关专著[15,16]，有三位学者的工作特别突出：Rahnejat在*Multi-body Dynamics—Vehicle, Machines and Mechanisms*[17]一书中介绍多体系统建模和方程的求解并系统地阐述了该理论在汽车部件及整车动力学、飞机系统动力学中的应用，同时介绍了多体系统控制问题的基本特点；德国Stuttgart大学的Schiehlen教授在1989—1990年期间主持、完成了*Multibody System Handbook*[18]的编辑出版工作，该手册对世界上多体系统动力学领域的17个研究团体的工作和成果进行了介绍，在该手册介绍的软件中，有8个软件包括了多柔体，其中包括ADAMS，DADS，DISCOS，MEDYNA等许多著名软件；1993年，Schiehlen教授在*Advanced Multibody System Dynamics*[19]一书中对多体系统动力学理论、算法及软件进行了更为深入的介绍。Amirouche在*Computational Methods in Multibody Dynamics*[16]一书中总结了几位学者在多体系统动力中的研究成果，深入地探讨了刚体和柔体建模的特点，更为重要的是该书讨论了工程应用中的许多实际问题。

构件弹性影响的研究最早可追溯到20世纪30年代[20]，但是直到20世纪60年代有了电子计算机，它的发展才真正成为现实。20世纪70年代初期，Erdman等人就用运动弹性力学线性理论[21,22]的求解策略对柔性系统做了分析研究，但计算缺乏精度。20世纪70年代中期，美国Lehigh大学

Likins 教授[23]首次提出了用离散坐标描述物体的大位移运动,用模态坐标或有限元节点坐标描述物体的弹性变形。在他的研究中,力学系统可以是柔性树结构和可变拓扑等系统,内体约束可以包括定常和非定常、完整和非完整约束。在控制系统中,他提供了 8 种可供选择的传感器和 5 种可供选择的执行机构。Ho 和 Hooker 对内联多刚体末端为柔性体的树状多体航天器动力学进行了研究[24],Ho 用直接通路法将各物体的运动量转换到一个指定的主体上,消去物体间的约束力后得到系统的动力学方程。1985 年,Ho 通过建立了每个物体均为变形状的树状柔性多体航天器动力学与控制方程[25],并通过摄动法对所建立的方程进行线性化,在此基础上研制了 ALLFLEX 通用软件,其特点是能够充分利用结构力学分析程序产生的模态信息。Hooker 也应用直接通路法描述系统的拓扑结构,并用嵌套体自动消除约束反力[26]。Boland 等人把多刚体系统动力学中的 Roberson-Wittenburg 方法作了直接发展,用 d'Alembert 原理建立任意物体均为变形体的树状及含闭环的柔性多体系统动力学方程[27],并且推导出了供稳定性分析的线性化方程。Haug 用有限元法得到柔性体的质量分布、刚度分布特征量及弹性变形模态,将柔性体和刚体的耦合运动方程编入了 DADS 动力学分析方程。

我国从 1986 年多刚体系统动力学研讨会(北京),尤其是 1988 年柔性多体系统动力学研讨会(长春)以来,在该领域的研究工作进展很快。1992 年,"全国多体系统动力学——理论、计算方法和应用学术会议"在上海召开,展示了一批理论和应用的最新成果[28]。1996 年在山东长岛召开的"全国多体系统动力学与控制学术会议"在理论与计算方法研究、工程应用和实验研究三个方面取得了更新的进展。国内出版了多种有关多体系统动力学方面的教材和著作[29, 35, 41, 43]。许多学者在建模理论[44-61]、计算方法[62-67]等方面发表了高质量的论文,并且在多体系统碰撞动力学[68-71]与变拓扑的多体系统动力学[72]方面作了大量工作。1999 年,洪嘉振完成《计算多体系统动力学》一书,全面叙述了多体系统动力学学科内容,力求理论推导、计算方法与软件实现三个方面的相互贯通[30]。

1.3.2 多体系统动力学的研究方法

多体系统动力学的研究对象一般为比较复杂的多体系统,其结构和连接方式也是多种多样,并且系统的动力学方程多为高阶非线性方程。目前,多刚体系统动力学的研究方法呈现出百花齐放的现象,各种研究方法层出不穷,主要有工程中常用的经典力学方法(以牛顿-欧拉方程为代表的矢量力学方法和以拉格朗日方程为代表的分析力学方法)、图论(R-W)方法、凯恩方法、变分方法、旋量方法[33-35]。

多柔体系统运动的描述方式,按选取参考系的不同,可分为绝对描述和相对描述两种类型。绝对描述是在指定某一个惯性参考系后,系统中每一个物体在每一时刻的位形都在此惯性参考系中确定。而相对描述是对每一个物体都按某种方式选定一个动参考系,物体的位形是相对于自己的动参考系确定的。推导多柔体系统动力学方程的基本原理和方法与一般的力学问题一样,可以分为三类。第一类为牛顿-欧拉向量力学法,简称 N-E 方法。第二类为拉格朗日方程为代表的分析力学方法。对于多柔体系统,为了建立动力学方程及编制通用程序的方便,一般采用带拉格朗日乘子的拉格朗日方程。还有其他力学原理,如哈米尔顿原理、虚位移原理和虚速度原理等。尽管拉格朗日方法推导公式繁琐,但在多柔体系统动力学中有着重要的作用。基于达朗伯原理,引入偏速度、偏角速度,导出动力学方程的方法可以很方便地同多刚体系统动力学和有限元技术相衔接。第三类方法是基于高斯原理等具有极小值性质的极值原理。这个方法开辟了一个不必建立运动微分方程的新途径,可直接应用优化计算方法进行动力学分析。其他方法,可以看作是在这三大类方法基础上的变形。

对多体系统的建模最初采用传统的经典力学方法,即以牛顿-欧拉方程为代表的矢量力学方法。但随着组成机械系统的刚体数目的增多,刚体之间的联系状况和约束方式就会变得极其复杂,当对于作为隔离体的单个刚体列写牛顿-欧拉方程时,铰约束力的出现会使未知变量的数日显著增加。因此,该方法也必须加以发展以便于计算机能自动识别刚体的联系状况,并根据不同的约束形式自动形成约束方程。德国学者 Schiechlen 教授在这方面作了大量工作。其特点是在列写出系统的牛顿-欧拉方程后，将不独立的笛卡尔广义坐标变换为独立变量，对完整约束系统用达朗伯原理消除约束反力，最后得到与系统自由度数目相同的动力学方程，Schiehlen 教授等人编制了符号推导的计算机程序，并以 Newton 与 Euler 的简名命名为 NEWEUL[36]。

以拉格朗日方程为代表的分析力学方法也已广泛应用于多刚体系统动力学中。采用该方法可以避免出现不作功的铰的理想约束反力，使未知变量的数目减少到最低程度。但随着刚体数和自由度的增多，动能和势能函数的项数会急剧扩张，求导数的计算工作量庞大，推导过程繁琐枯燥且容易出错，尤其是若采用传统的、独立的拉格朗日广义坐标，在建立系统的动力学方程时会变得非常困难，而采用不独立的笛卡尔广义坐标比较方便，对于具有多余坐标的、完整或非完整约束系统，用带乘子的拉格朗日方程处理是十分规格化的方法。Orlandea 与 Chace 等人应用 Gear 刚性积分[37]（Stiffness Integration）算法并采用稀疏矩阵技术提高计算效率，编制 ADAMS 程序[38]；Haug 等人研究了广义坐标分类、奇异值分解等算法，编制了 DADS 程序[39]。

1966 年，Roberson 和 Wittenburg 创造性地将图论引入多刚体系统动力学，使这个学科分支跨入新阶段。他们利用图论的一些基本概念和数学工具成功地描述了机械系统内各刚体之间的结构特征。借助图论工具可使各种不同结构的系统能用统一的数学模型来描述，选用铰链相对运动变量作为系统的广义坐标可导出多刚体系统的一般形式的动力学方程。R-W 方法以十分优美的风格处理了树结构多刚体系统，对于非树系统，则必须利用铰切割或刚体分割方法转变成树系统处理。R-W 方法以相临刚体之间的相对位移为广义坐标，对复杂的树结构动力学关系给出了统一的数学模式，并据此推导了系统微分方程，编制了应用于机械、卫星、车辆和机器人等的程序 MESA VERDE。

在经典力学中，变分原理只是对力学规律的概括，而在计算技术飞速发展的今天，变分方法已成为可以不必建立动力学方程而借助于数值计算直接寻求运动规律的有效方法。变分力学的原理并不是直接描述机械系统运动的客观规律，而是把真实发生的运动和可能发生的运动加以比较，在相同条件下，从所发生的很多的可能运动中指出真实运动所应满足的条件。因此，该方法无需建立机械系统的动力学方程，以加速度作为变量，根据泛函的极值条件，直接利用系统在每个时刻的坐标和速度值解出真实加速度，从而确定系统的运动规律。这种方法的优点是可以避免求解微分方程组，并可以与最优控制理论结合起来。变分方法主要用于带控制系统的工业机器人动力学。

凯恩方法是在1965年前后发展起来的一种用于分析复杂机械系统的新方法。该方法最先用于分析复杂航天器，后来发展成为使用范围更广泛的普遍方法。该方法的特点是以伪速度作为独立变量来描述系统的运动，既适用于完整约束，又适用于非完整约束；此外，在用该方法建立系统的动力学方程时既不会出现理想约束反力，也不必计算动能等动力学函数及其导数，而且推导计算十分规格化，所得结果是一阶微分方程组[12]，因而兼有矢量力学和分析力学的特点。但它只是一种普遍的方法，必须对每个具体的多刚体系统作具体处理，而不像R-W方法那样可得到一个普遍的公式。Huston等人应用凯恩方法提出了"低序体阵列"的概念，并在此基础上发展了一套独具特色的多体系统动力学的建模方法——"有限段建模法"，具有几何与计算统一的特点[13]。

以上几种主要的研究方法，虽然风格迥异，但共同的目标是要实现一种高度程式化、适合编制计算程序的动力学方程建模方法。

多柔体系统动力学研究由可变性物体以及刚体所组成的系统在经历大范围空间运动时的动力学行为。多刚体系统动力学是以系统中各部件均抽象为刚体，但可以计及各部件连接点处的弹性、阻尼等的影响，而多柔体系统动力学则在此基础上还进一步考虑部件的变形。多刚体系统动力学侧重的是"多体"方面，研究各个物体刚性运动之间的相互作用及其对系统动力学行为的影响；多柔体系统动力学则侧重"柔性"方面，研究柔性体变形与整体刚性运动的相互作用或耦合，以及这种耦合所导致的独特的动力学效应。变形运动与刚性运动的同时出现及其耦合正是多柔体系统动力学的核心特征。

1.3.3 多体系统动力学在汽车动力学研究中的应用

由于汽车的工作情况、使用环境的复杂多变，汽车动力学研究曾一度发展缓慢。有限元分析技术与多体系统动力学的迅速发展，为汽车动力学研究提供了一个方便快捷的手段。从此，汽车动力学研究的力学模型逐渐由线性模型发展到非线性多体模型[73, 77, 78]；模型的自由度由两个自由度发展到数十个自由度，甚至到数百个、上千个自由度[40]；模拟计算也由稳态响应特性的计算发展到瞬态响应特性和转弯制动特性的计算[78, 79]；实现了多体和有限元的结合[90]。国外各主要汽车厂家和研究机构安装使用了大量的多体系统动力学分析软件，并与有限元分析、模态分析、优化设计等软件一起形成了一个整体，在汽车设计开发中发挥了重要作用。

自从 1968 年 McHenry[78] 首次进行整车操纵稳定性非线性分析以来，大量的针对汽车操纵稳定性和乘坐舒适性方面的汽车多体动力学分析的工作得以开展。包括早期的 Chace[74] 和 Orlandea[75, 76] 等人研究的 42 自由度的刚体动力学模型，Allen[77] 等人分析了线性和非线性的整车动力学模型，并开发出适合于微机应用的计算程序，Pacejka[78] 等人研究了整车的稳态转向分析，英国 Bradford 大学的 Hegazy 等人建立了 94 自由度的多体动力学整车模型研究整车的瞬态操纵稳定性[79]。Hussien[80] 等人将某车的后轴抽象成 9 部件的多体模型，对每一部件进行详细的有限元分析，并分析它们对整个悬架性能的影响。

国内吉林工业大学、清华大学、同济大学、上海交通大学、第二汽车制造厂、北京农业工程大学、北京理工大学等单位将多刚体系统动力学方法引入汽车运动学研究中，研究领域也从开始的多刚体系统的运动学研究扩展到包含多柔体的刚柔耦合多体系统动力学研究[81-90]。

吉林大学的温吾凡[82] 等人利用多刚体系统动力学方法，对两维刚体系统进行运动学分析，讨论了欧拉参数，建立了多刚体系统的约束方程、速度和加速度方程，推导出不同运动副相连两刚体的约束方程、雅可比矩阵及加速度方程右边项，建立了刚体及受约束多刚体系统的运动方程，并编制了一个人机对话型的分析程序。林逸等人[83] 采用由美国学者 Roberson 和联邦德国学者 Wittenburg 提出的方法(R-W 方法),建立了对汽车独立悬架中的单横臂及摆柱式悬架进行空间运动分析的通用计算程序。第二汽车制造厂的上官文斌、黄虎、刘德清[84]介绍了利用自然坐标对多刚体系统进行运动学和动力学分析的方法,并用这一方法模拟了某货车转向系运动学特性、转向轮侧倾转向特性及某轿车麦克弗森式悬架运动学特性,研究了某货车板簧悬架与转向系在直线行驶和弯道行驶时的垂直干涉与制动干涉。吉林工业大学的陈欣在博士论文中,着重研究汽车悬架中的柔性体(包括柔性横向稳定杆和橡胶减振元件)对悬架性能的影响[89]。张越今分析了含柔性元素(橡胶减振元件)的 80 自由度整车多体系统模型,并利用该模型对汽车动力学进行了全面的仿真分析和优化[40, 91]。詹文章在解决轿车前轮高速摆振的问题的研究中,将横向稳定杆进行有限元分析,并集成到悬架模型中[42]。

1.3.4 多体系统动力学与虚拟样机技术

虚拟样机技术的理论基础是多体系统动力学。随多体系统动力学理论和应用的发展,虚拟样机技术也日趋成熟,商品化的软件系统正逐渐在工程设计实践中得以推广应用,它正在由分析专家的专用研究工具逐渐向普通工程设计人员易于掌握的工具转变。目前,比较有影响的软件有 ADAMS 和 DADS 等。尤其是 ADAMS 软件,已被全世界各行各业的成百上千家主要制造商采用,国外的一些著名大学也已开设 ADAMS 软件的课程,将三维 CAD 软件、有限元软件和虚拟样机软件作为机械专业学生必须了解的工具软件。ADAMS 软件已经被众多国际著名公司如 Ford, BMW, NASA, GM, GE, CAT, ABB 等成功应用。

1.4 空气悬架研究现状

空气弹簧从 19 世纪中期诞生以来,经历了一个世纪的发展,到 20 世纪 50 年代才被应用在载重车、小轿车、大客车及铁道车辆上。在重型汽车市场,美国的 GMC 公司在 1958 年就生产了装有空气弹簧悬架的牵引车,英国生产了装有空气悬架的 12～15 吨挂车;在重型货车上[92]空气弹簧的占有率超过81%。空气悬架在旅游车、长途客车及高速客车市场也占有极大的份额，到1964年，西德生产的55种大、中型公共汽车中，已有38种使用了空气弹簧。目前，国外高级大客车几乎全部使用空气悬架。部分轿车也逐渐安装空气弹簧悬架，如Benz300SE和Benz600。我国虽然从20世纪50年代就开始了对空气悬架的研究工作，但由于设计及制造等复杂因素的影响，一直未能得到推广应用。近年来，随着汽车技术的发展，小部分国产高级旅游车开始采用空气悬架。

空气弹簧是一橡胶/帘布结构的气囊，以空气为介质，利用空气具有压缩弹性的性质制成的弹簧，气囊的直径在2～38英寸之间。气囊的寿命决定了空气悬架的寿命。根据橡胶气囊工作时的变形方式，空气弹簧可分为囊式空气弹簧、膜式空气弹簧和混合式空气弹簧三种[93]。囊式空气弹簧主要靠橡胶气囊的挠曲获得弹性变形；膜式空气弹簧主要靠橡胶气囊的卷曲获得弹性变形；混合式空气弹簧则兼有以上两种变形方式。囊式寿命较长、制造方便、刚度较大，常用于货车上；膜式尺寸较小、弹性特性曲线更理想、刚度较小，常用于轿车上。

在相同的载荷作用下，空气弹簧的当量静挠度比钢板弹簧的静挠度大得多，这就使得空气弹簧可以得到比钢板弹簧低得多的振动频率，从而提高行驶平顺性。空气弹簧的载荷-位移曲线形状呈反"S"形，作该曲线上某点的切线便得到了该点的刚度。通过合理选择设计参数，可使空气弹簧在正常工作范围内刚度及其变化较小，而在伸张或压缩的边缘区段刚度逐渐增加。空气弹簧具有变刚度特性，固有频率可以根据需要而适当的改变。钢板弹簧则不具有这种功能。根据需要，空气弹簧的特性曲线可以设计成理想的形状。

随空气悬架应用的推广，对空气弹簧、导向机构及控制机构的研究也得到了重视。J. Revence等人对空气弹簧在火车上的应用作了深入的研究，并在1970年作了空气弹簧垂直特性实验，建立空气弹簧垂直动态特性模型；1994年作了空气弹簧的侧向特性实验，在大频率和大幅值情况下，测量了空气弹簧在不同载荷下的侧向力和变形，用正弦波和锯齿波输入来观察速度对侧向特性的影响[93]。在空气悬架中，除空气弹簧外，辅助气室和连接管路也将影响空气弹簧特性变化及系统响应速度。Yoyofuku 等人通过研究振动频率和弹簧反应之间的关系，分析管道和气室对弹簧特性变化的影响[94]。交通部重庆公路科学研究所的丁良旭对空气悬挂的一些性能进行了探讨，拟合了空气弹簧的特性曲线[95]。董学峰对膜片空气弹簧的设计计算进行了阐述[96]。D. Hrovat 等人对空气弹簧的研究提出了建设性建议[97]。Jon Bunne 和 Roger Jable 分析了空气悬架对传动系统振动的影响[99]。

1.5 本书主要内容

本书以多体系统动力学为基础，建立了低地板城市客车的虚拟样机，并按照试验数据进行验证与改进。在此基础上，对整车的操纵稳定性和舒适性进行仿真研究，并针对空气弹簧的非线性特性，提出了一种适合空气悬架的参数匹配的方法。全书紧紧围绕该基本思路，主要对以下内容进行了深入地研究和探讨。

1.5.1 多柔体系统动力学理论

在低地板城市客车虚拟样机开发的工程中，涉及许多柔性部件，如果柔体模型建立不当，会急剧增加整车模型的自由度和方程求解难度。对于车辆系统来说，比较适合采用大位移、小变形的多柔体理论进行计算。早期多采用离散化方法，即在刚体动力学的基础上，将一个刚体分为若干段，每段之间采用力元约束，目前应用比较广泛的是瑞利-李兹法和模态综合法，而且被多种多体动力学软件所采用。针对所采用的 ADAMS 软件平台，本书对 Craig-Bampton 模态综合法进行了介绍，其基本思想是把一个大型的复杂结构，按其结构特点分割成若干子结构，然后用数值方法如有限元法，或试验模态方法得到各个子结构的动态特性，利用各个子结构模态对物理坐标进行模态坐标变换，并将所用子结构进行组合；随后利用各个子结构的界面连接条件，进行第二次坐标变换，消去不独立的模态坐标，得到一组用独立的各个子结构的模态坐标表示的整个系统的运动方程。在 ANSYS 环境下，对横向稳定杆和后悬架导向机构的杆系进行模态分析，并通过模态综合法把有限元模型嵌入虚拟样机模型中。有限元模态分析的结果与多体模型中的模态的比较证明了模态综合法有效性。

1.5.2 独立悬架运动学和动力学特性研究

独立悬架中的导向机构、部分转向传动机构以及与之相关的传动轴均为空间布置,所以悬架各参数的空间运动规律的描述较为复杂,现代车辆中广泛使用的弹性橡胶元件亦增加了悬架运动学和动力学研究的难度,多体系统动力学理论对于解决复杂空间问题有独特的优点。本书利用多体系统动力学的理论,建立双横臂独立空气悬架的多刚体模型和刚弹耦合模型,以此为基础,对其运动学参数的变化规律进行研究,并分析橡胶弹性元件的影响;考虑空气弹簧的非线性刚度特性,计算空气悬架刚度随悬架变形的变化规律,并对双横臂悬架导向机构的影响进行分析。

1.5.3 操纵稳定性和平顺性研究

应用多体系统动力学理论,开发了包括前悬架、转向系、后悬架以及轮胎路面模型的整车多体系统虚拟样机仿真模型。在低地板城市客车虚拟样机的模型中,充分吸收了其他学者应用多体理论建立悬架运动与动力学模型的经验[102, 103],对所涉及的约束关系进行了严格地分析,力求真实实现各部件之间的运动关系;同时参考文献[104-108]中利用多体模型进行动力学仿真分析的经验,按照国家车辆路面试验的相关标准设计虚拟试验,保证仿真所获得结果的有效性。对于多体模型所需的大量参数,本书进行了分类处理,并利用最小二乘法拟合了空气弹簧的非线性负载特性,通过试验数据计算得到橡胶衬套的线性刚度。在低地板客车道路试验的基础上,对稳态转向特性,开环瞬态操纵稳定性和平顺性进行了仿真研究,为对系统的移线瞬态特性进行考察,从闭环系统的角度,综合考虑驾驶员特性及道路条件构建驾驶员模型,并与所建立的低地板城市客车虚拟样机进行综合,在车辆移线道路试验的基础上进行了瞬态操纵稳定性研究。仿真与试验数据的对比有效的证明了虚拟样机的高精度,同时也表明该低地板城市客车具有灵敏的操纵稳定性和较好的乘坐舒适性。

1.5.4 基于虚拟样机的空气悬架参数优选及优化

本书从空气悬架的非线性负载特性入手，拟合了空气弹簧的有效截面积与高度之间的变化规律，分析了在设计高度空气弹簧的刚度与压力之间的线性特性，考察了非独立空气悬架导向机构对车辆稳态转向特性的影响。在此基础上，提出了空气悬架的参数优选及优化方案，并基于虚拟样机进行了仿真分析。

第 2 章　柔性部件柔体模型的建立

刚柔体耦合的机械系统动力学模型的建立是提高模型精度的一个重要研究内容。对于车辆系统而言，由于许多部件具有明显的柔体特性，在运动过程中产生复杂的变形，因此应在其虚拟样机多体动力学分析模型中考虑柔性部件的多柔体模型。

以城市大客车多体动力学模型为例，横向稳定杆是典型的柔体部件。对于空气悬架而言，由于空气弹簧只承受垂向力，纵向力、侧向力及其引起的力矩要由悬架导向机构来承担，因此导向机构杆件的受力情况比较复杂，本章同样建立了柔体模型。

2.1　多柔体系统动力学理论

对于多柔体系统动力学问题，较早采取的是一种线性化的近似方法，如美国的 Vail 等，他们在机械系统和车厢系统的分析中考虑了柔性体。分析中首先假定了弹性变形对总体的运动没有大的影响，先用多刚体系统动力学理论进行分析计算，用所得到的惯性力和约束反力进行构件的弹性分析，最后的运动由两部分运动叠加得到。20 世纪 70 年代，许多人在动力学分析中包括了弹性体的自由度，在离散化的过程中采用节点集中质量法。80 年代多柔体系统动力学发展较快，许多人把研究的目标集中在大位移的多柔体系统动力学问题，在动力学方程中考虑了参照系的"刚性"运动与柔体的变形运动的耦合，取得了许多进展，计算方法也日趋成熟，并进而扩展到大位移、大变形的多柔体系统动力学问题。

对于车辆系统来说，比较适合采用大位移、小变形的多柔体理论进行计算。早期多采用离散化方法，即在刚体动力学的基础上，将一个刚体分为若干段，每段之间采用力元约束。目前应用比较广泛的是瑞利-李兹法和模态综合法，而且被多种多体动力学软件所采用。ADAMS 和 DADS 两大著名的多体动力学分析软件在对柔体的处理上都采用模态综合法，由于本书的虚拟样机是在 ADAMS 环境下建立起来的，所以本章主要介绍模态综合法。

2.1.1　Craig-Bampton 固定界面模态综合法

模态综合法的基本思想[109, 110]是把一个大型的复杂结构，按其结构特点分割成若干子结构，然后用数值方法如有限元法，或试验模态方法得到各个子结构的动态特性，利用各个子结构模态对物理坐标进行模态坐标变换，并将所用子结构进行组合；随后利用各个子结构的界面连接条件，进行第二次坐标变换，消去不独立的模态坐标，得到一组用独立的各个子结构的模态坐标表示的整个系统的运动方程。

相对于部件系统的有限元模型而言，模态综合法是将柔体看成是有限元模型的节点的集合，对于浮动坐标系有小的线性运动，而此浮动坐标系作大的非线性整体平动和转动。每个节点的线性局部运动近似为模态或模态振型向量的线性叠加。在具体建模的过程中先将构件的浮动坐标系固化，弹性变形按某种理想边界条件下的结构动力学模态进行离散，然后仿照多刚体系统动力学的方法建立离散系统数学模型。国内外的学者对这种模型进行了深入的研究，在研究建模方法的基础上重点解决数学模型数值解的病态问题，并在工程领域得到大量应用。

模态综合法有固定界面模态综合法、自由界面模态综合法、固定界面和自由界面混合模态综合法。本章主要对 Craig-Bampton 固定界面模态综合法进行研究。为便于说明，以图 2-1 所示悬臂梁为例。

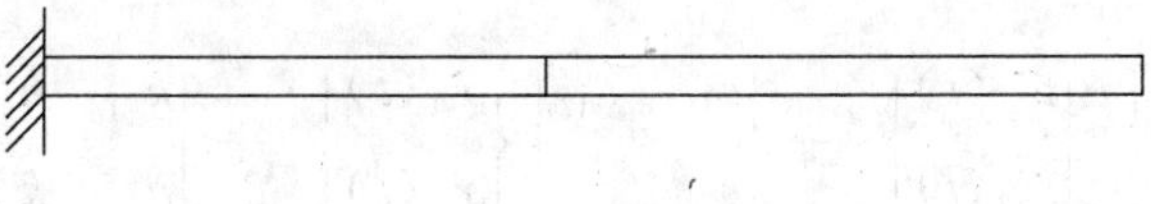

图 2-1　悬臂梁

1. 划分子结构

依照子结构法的基本思想，被分析的整体结构可按其自然形状或其他因素被分割成若干个子结构体，这些子结构以其界面节点与相邻子结构相连，简单结构情况下可以将一个弹性构件划分为一个子结构。

为简明起见，将悬臂梁划分为 a，b 两个子结构，并将每个子结构坐标 $\{q(t)\}$ 划分为内坐标和对接坐标两部分，分别用 $\{q_1(t)\}$ 和 $\{q_2(t)\}$ 表示。$\{q_1(t)\}$ 为描述子结构内部运动坐标（包括其边界处非对接坐标），$\{q_2(t)\}$ 为子结构边界对应运动副相对运动约束坐标，如图 2-2 所示，子结构 a 和 b 的坐标分别表示为

$$\{q(t)\}_a = \{\{q_1(t)\}_a \quad \{q_2(t)\}_a\}^{\mathrm{T}} \tag{2-1}$$

$$\{q(t)\}_b = \{\{q_1(t)\}_b \quad \{q_2(t)\}_b\}^{\mathrm{T}} \tag{2-2}$$

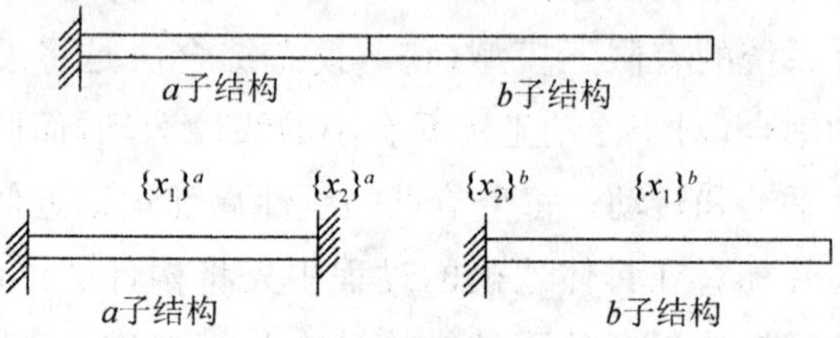

图 2-2　悬臂梁子结构划分

2. 构造分支模态集

从一般考虑，子结构 a 的振动方程为

$$[\boldsymbol{M}]_a\{\ddot{x}(t)\}_a + [\boldsymbol{C}]_a\{\dot{x}(t)\}_a + [\boldsymbol{K}]_a\{x(t)\}_a = \{Q(t)\}_a \tag{2-3}$$

式中，$[\boldsymbol{M}]_a$、$[\boldsymbol{C}]_a$ 和 $[\boldsymbol{K}]_a$ 分别表示子结构 a 的质量矩阵、阻尼矩阵和刚度矩阵。按内坐标和对接坐标分割后，振动方程可以表示为

$$\begin{bmatrix} m_{11} & m_{12} \\ m_{21} & m_{22} \end{bmatrix}_a \begin{Bmatrix} \ddot{x}_1(t) \\ \ddot{x}_2(t) \end{Bmatrix}_a + \begin{bmatrix} c_{11} & c_{12} \\ c_{21} & c_{22} \end{bmatrix} \begin{Bmatrix} \dot{x}_1(t) \\ \dot{x}_2(t) \end{Bmatrix}_a + \begin{bmatrix} k_{11} & k_{12} \\ k_{21} & k_{22} \end{bmatrix}_a \begin{Bmatrix} x_1(t) \\ x_2(t) \end{Bmatrix}_a$$

$$= \begin{Bmatrix} Q_1(t) \\ Q_2(t) \end{Bmatrix}_a \tag{2-4}$$

对于方程(2-4)，通过特征方程解得系统的模态集，取前 k 阶模态 Φ_{1a} 作

为分支保留主模态；通过系统的静力平衡方程，可以得到约束模态 Φ_{2a}。则该子机构的分支模态集可以构造为

$$\boldsymbol{\Phi}_a = \begin{bmatrix} \Phi_{1a} & \Phi_{2a} \\ 0 & I \end{bmatrix} \tag{2-5}$$

同理，子结构 b 的分支模态集可以构造为

$$\boldsymbol{\Phi}_b = \begin{bmatrix} \Phi_{1b} & \Phi_{2b} \\ 0 & I \end{bmatrix} \tag{2-6}$$

3. 对各子结构作模态坐标变换

子结构缩减后的模态坐标包括子结构保留主模态坐标和界面坐标，分支模态的个数远少于结构的自由度数。子结构 a 和 b 的模态坐标可以分别构造为

$$\{p\}_a = \begin{Bmatrix} \{x_1\}_a \\ \{x_2\}_a \end{Bmatrix} \tag{2-7}$$

$$\{p\}_b = \begin{Bmatrix} \{x_1\}_b \\ \{x_2\}_b \end{Bmatrix} \tag{2-8}$$

对子结构 a 和 b 分别作模态坐标变换，将物理坐标变换到缩减的模态坐标，

$$\{x\}_a = \Phi_a \{p\}_a \tag{2-9}$$

$$\{x\}_b = \Phi_b \{p\}_b \tag{2-10}$$

展开后，即得

$$\begin{Bmatrix} \{x_1\}_a \\ \{x_2\}_a \end{Bmatrix} = \begin{bmatrix} \Phi_{1a} & \Phi_{2a} \\ 0 & I \end{bmatrix} \begin{Bmatrix} \{p_1\}_a \\ \{p_2\}_a \end{Bmatrix} \tag{2-11}$$

$$\begin{Bmatrix} \{x_1\}_b \\ \{x_2\}_b \end{Bmatrix} = \begin{bmatrix} \Phi_{1b} & \Phi_{2b} \\ 0 & I \end{bmatrix} \begin{Bmatrix} \{p_1\}_b \\ \{p_2\}_b \end{Bmatrix} \tag{2-12}$$

从上式可知,约束模态坐标就是界面物理坐标,缩减后的模态坐标数等于固定界面得分支保留主模态数加上界面坐标数。以上式代入方程(2-3),可将子结构 a 的振动方程变换到模态坐标上,即

$$[\bar{\boldsymbol{M}}]_a\{\ddot{p}(t)\}_a+[\bar{\boldsymbol{C}}]_a\{\dot{p}(t)\}_a+[\bar{\boldsymbol{K}}]_a\{\dot{p}(t)\}_a=\{\bar{Q}(t)\}_a \quad (2\text{-}13)$$

$$[\bar{\boldsymbol{M}}]_b\{\ddot{p}(t)\}_b+[\bar{\boldsymbol{C}}]_b\{\dot{p}(t)\}_b+[\bar{\boldsymbol{K}}]_b\{\dot{p}(t)\}_b=\{\bar{Q}(t)\}_b \quad (2\text{-}14)$$

式中

$$[\bar{\boldsymbol{M}}]_a=\Phi_a^{\mathrm{T}}\{M\}_a\Phi_a,\ [\bar{\boldsymbol{M}}]_b=\Phi_b^{\mathrm{T}}\{M\}_b\Phi_b$$
$$[\bar{\boldsymbol{C}}]_a=\Phi_a^{\mathrm{T}}\{C\}_a\Phi_a,\ [\bar{\boldsymbol{C}}]_b=\Phi_b^{\mathrm{T}}\{C\}_b\Phi_b$$
$$[\bar{\boldsymbol{K}}]_a=\Phi_a^{\mathrm{T}}\{K\}_a\Phi_a,\ [\bar{\boldsymbol{K}}]_b=\Phi_b^{\mathrm{T}}\{K\}_b\Phi_b$$
$$[\bar{\boldsymbol{Q}}]_a=\Phi_a^{\mathrm{T}}\{Q\}_a\Phi_a,\ [\bar{\boldsymbol{Q}}]_b=\Phi_b^{\mathrm{T}}\{Q\}_b\Phi_b$$

令

$$\{p\}=\{\{p\}_a\quad\{p\}_b\}^{\mathrm{T}} \quad (2\text{-}15)$$

则系统方程可以表示为

$$[\boldsymbol{M}]_p\{p\}+[\boldsymbol{C}]_p\{p\}+[\boldsymbol{K}]_p\{p\}=\{Q\}_p \quad (2\text{-}16)$$

式中

$$[\boldsymbol{M}]_p=\begin{bmatrix}[\bar{\boldsymbol{M}}]_a & 0\\ 0 & [\bar{\boldsymbol{M}}]_b\end{bmatrix}$$

$$[\boldsymbol{C}]_p=\begin{bmatrix}[\bar{\boldsymbol{C}}]_a & 0\\ 0 & [\bar{\boldsymbol{C}}]_b\end{bmatrix}$$

$$[\boldsymbol{K}]_p=\begin{bmatrix}[\bar{\boldsymbol{K}}]_a & 0\\ 0 & [\bar{\boldsymbol{K}}]_b\end{bmatrix}$$

在方程(2-16)中,并非所有的坐标都是独立的,所以不能直接代入拉格朗日方程,须消去其中不独立的模态坐标。

4. 第二次坐标变换

获得了各子结构经过近似约束模态综合缩减了坐标的动力学方程后,

便可由各子结构的对接坐标间的位移协调条件消去其中非独立坐标来进行系统重组，获得系统的约束模态综合模型，即第二次坐标变换。

对于悬臂梁，根据界面连续条件，显然有

$$\{x_2\}_a=\{x_2\}_b \tag{2-17}$$

由式(2-11)和式(2-12)可得

$$\{p_2\}_a=\{p_2\}_b \tag{2-18}$$

即界面模态坐标非独立。因此，对纵向推力杆可以选择系统广义坐标为

$$\{q\}=\{\{p_1\}_a\quad\{p_1\}_b\quad\{p_2\}_a\}^{\mathrm{T}} \tag{2-19}$$

则非独立模态坐标 $\{p_2\}_a$，$\{p_2\}_b$ 和系统广义坐标之间得变换为

$$\begin{Bmatrix}\{p_1\}_a\\\{p_2\}_a\\\{p_1\}_b\\\{p_2\}_b\end{Bmatrix}=\begin{bmatrix}I&0&0\\0&0&I\\0&I&0\\0&0&I\end{bmatrix}\begin{Bmatrix}\{p_1\}_a\\\{p_1\}_b\\\{p_2\}_a\end{Bmatrix} \tag{2-20}$$

简写为

$$\{p\}=\beta\{q\} \tag{2-21}$$

将上式代入方程(2-16)，用 β 对 $[\boldsymbol{M}]_p$、$[\boldsymbol{C}]_p$ 和 $[\boldsymbol{K}]_p$ 进行合同变换，得到模态综合后的系统方程：

$$[\boldsymbol{M}]_a\{\ddot{p}\}+[\boldsymbol{C}]_a\{\dot{p}\}+[\boldsymbol{K}]_a\{p\}=\{Q\}_a \tag{2-22}$$

式中

$$[\boldsymbol{M}]_q=\beta^{\mathrm{T}}[\boldsymbol{M}]_p\beta$$
$$[\boldsymbol{C}]_q=\beta^{\mathrm{T}}[\boldsymbol{C}]_p\beta$$
$$[\boldsymbol{K}]_q=\beta^{\mathrm{T}}[\boldsymbol{K}]_p\beta$$

5. 返回物理坐标再现子结构

由于实际问题中所关心的是物理坐标下的振动特性，因此必须经过再次坐标变换返回各个子结构的物理坐标，以得到各个子结构的主模态、位

移、响应等，一般可以按各个子结构返回。

2.1.2 多体动力学与有限元的结合

1. 多体系统中的有限元方程

在有限元分析中，分析对象划分的网格节点是相对于本身的某一惯性坐标，一般将惯性坐标固连在物体的一端，并将坐标的一个轴线与物体的轴线重合。有限元分析的通用结构方程，一般是在有限元分析对象的局部坐标系下建立的，方程中的变量是相对于局部坐标的坐标元素。将有限元分析的柔体加入多体系统中，需要将柔体作相对的位移，即需将柔体分析的有限元方程乘以多体动力学中的坐标转换矩阵 $\boldsymbol{B}$，从而达到有限元分析方程与多体系统动力学方程的统一。

对于有限元方程：

$$[\boldsymbol{M}]\{\ddot{x}\}+[\boldsymbol{C}]\{\dot{x}\}+[\boldsymbol{K}]\{x\}=\{\boldsymbol{F}\} \tag{2-23}$$

其惯性坐标系下的刚度、阻尼、质量矩阵，是由局部坐标系下的响应矩阵乘以局部坐标向惯性坐标的转换矩阵得到的。即上述方程可以表示为

$$[Bm_e]\{B^{\mathrm{T}}\ddot{x}\}+[Bc_e]\{B^{\mathrm{T}}\dot{x}\}+[Bk_e]\{B^{\mathrm{T}}x\}=\{F\} \tag{2-24}$$

式中 $\boldsymbol{M}=Bm_eB^{\mathrm{T}}$，$m_e$ 为静止状态下的单元质量矩阵；

$\boldsymbol{C}=Bc_eB^{\mathrm{T}}$，$c_e$ 为静止状态下的单元阻尼矩阵；

$\boldsymbol{K}=Bk_eB^{\mathrm{T}}$，$k_e$ 为静止状态下的单元刚度矩阵；

$\boldsymbol{F}$ 可以表示为位移、速度、加速度的函数。

当单元的位移不大时，采用惯性坐标系描述方程不失为简单可行的方法，因为转换矩阵不需更新；但当单元位移较大时，转换矩阵必须更新，从而局部坐标系向惯性坐标系转换的相关矩阵也要更新。

2. 刚柔体耦合系统求解方法

在多刚体模型的基础上，预求得柔体与多体系统作用点的力、力矩与位移、速度、加速度等边界条件，柔性体以此为边界条件求出变形与力、力矩，与多刚体模型的结果进行对比，如果误差较大，可进入下一次求解，此时以

柔体的变形与力、力矩为已知条件，求得系统对此作用点相应的力、力矩或位移，直至误差达到规定的范围。

为提高计算效率，ADAMS 软件中，所有的刚体与柔体都使用一个随刚体或柔体运动的浮动局部坐标系（Local Floating Reference Frame）[111]，当刚体或柔体运动时，对于系统求解的每一步，从局部坐标向惯性坐标系转换的相关矩阵也必须更新，但惯性坐标下的矩阵不需重新组装，从而提高了系统的求解效率。

有限元分析(FEA)与机械系统仿真(MSS)拥有相同的系统动力学求解基础。有限元分析使用惯性坐标系下的惯性矩阵能更好的适用小位移分析的需要，机械系统仿真分析中使用的局部坐标系下的局部单元矩阵，能及时有效地描述系统内部不同部件的几何关系。

2.2　横向稳定杆的柔体模型

为改善汽车行驶平顺性，在一般道路上行驶时，希望汽车有低刚度的悬架性能，保证其良好的乘坐舒适性和行驶稳定性；当载荷变化时，则要求悬架的刚度变化较小，从而降低汽车整车的固有振动频率。但是，如果汽车悬架的垂直刚度值设计得较低，会使得汽车的侧倾角刚度值也较低，其结果是，当汽车转弯时产生很大的车身侧倾角，影响行驶稳定性。由于汽车整车侧倾角刚度是前、后轴侧倾角刚度之和，即

$$k_{\phi}=k_{\phi1}+k_{\phi2} \tag{2-25}$$

式中　k_{ϕ}—— 整车侧倾角刚度；

$k_{\phi1}$—— 前轴侧倾角刚度；

$k_{\phi2}$ ——后轴侧倾角刚度。

而对于汽车任一前、后轴来说，侧倾角刚度值由横向稳定杆的角刚度 $k_{\text{lateral\_bar}}$ 与悬架的角刚度 $k_{\text{suspension}}$ 两部分组合而成，即

$$k_{\phi(1,\,2)}=k_{\text{lateral\_bar}}+k_{\text{spring}} \tag{2-26}$$

因此，常在悬架中采用横向稳定杆提高悬架的侧倾角刚度，或调整前、

后悬架的侧倾角刚度比值以保证汽车具有良好的行驶稳定性。计算表明，对于后悬架，后横向稳定杆的作用在其侧倾刚度中占 73%，在整车的侧倾刚度中占 32%。横向稳定杆对车辆的平顺性和操纵稳定性都有很大的影响。

多数车辆上横向稳定杆中部的两端通过橡胶套筒支承在车架或车身上，杆两端纵向部分的末端通过支杆与悬架摆臂或车桥相连。非独立悬架中，也有将横向稳定杆中部支承在车桥上，而将纵向部分的末端通过支杆与车身或车架相连。低地板城市客车的横向稳定杆结构如图 2-3 所示，中部两端通过橡胶套筒 B 和 D 与车架相连，杆两端通过带有橡胶衬套的转动铰链 A 和 C 与车桥相连。在多体模型中，横向稳定杆要经过简化以避免出现过约束，一般将横向稳定杆处理为扭簧[28]。扭簧的刚度可由下式计算：

$$k_{\text{lateral\_bar}} = \frac{\pi G d^4 l_{\text{b}}}{32 r_{\text{b}}^2} \tag{2-27}$$

式中 l_{b}—— 横向稳定杆的有效长度；

r_{b}—— 横向稳定杆的延伸长度；

G—— 剪切模量系数；

d ——横向稳定杆直径。

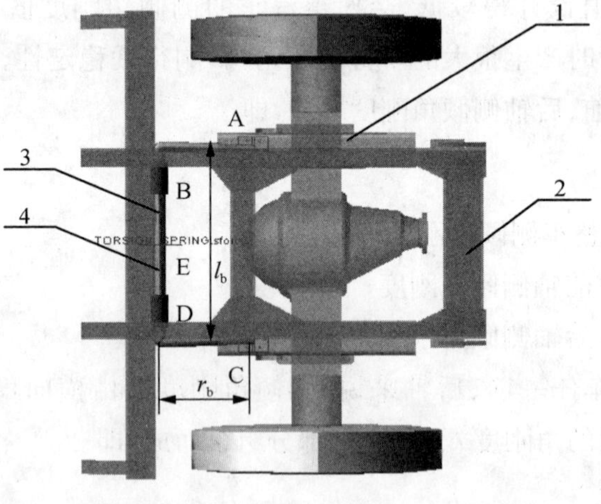

1—后桥；2—车架；3—横向稳定杆左半部分；4—横向稳定杆右半部分

图 2-3 横向稳定杆布置

横向稳定杆要承受拉伸、扭弯、弯曲等力和力矩，产生复杂的变形，一般来讲，AB段和CD段会产生弯曲和扭转变形，BC段则以扭转变形为主，扭簧模型虽然表达了横向稳定杆的抗扭转能力，但是忽略了其他的拉伸、弯曲等变形，因此会有较大的误差。因此，本书利用有限元法建立横向稳定杆的柔体系统模型。

2.2.1　横向稳定杆有限元模型网格划分

横向稳定杆是典型的柔性体，在车辆的行驶过程中产生复杂的变形。在有限元软件ANSYS中，按照图纸建立其实体模型，并划分单元格。

1. 单元选择

本书选择四面体实体单元来进行横向稳定杆的有限元分析。

2. 参数输入

在建立横向稳定杆有限元分析模型时，要用到弹性模量、密度和泊松比等材料特性参数：弹性模量：$E=3.8e+11$ Pa；密度：$\rho=7.8e-6$ kg/mm^3；泊松比：$\mu=0.3$。

3. 有限元网格划分

为保证划分的网格的中心与杆的中心重合，首先将杆端平面切割成4份，延伸后再划分网格。划分网格后的横向稳定杆如图2-4所示。

图2-4　横向稳定杆有限元网格划分

2.2.2　有限元模型模态计算

模态分析可以确定零部件的振动特性——固有频率和固有振型，

ANSYS 软件中的模态分析是线性分析，任何非线性特性，如塑性、大变形和大应变单元，即使定义了也会被忽略。

在有限元模型的建立过程中，横向稳定杆近似为线性结构，除考虑受重力和其他静载荷外，还要考虑分布于体积内的惯性力和阻尼力。对于 N 自由度线性系统，其运动微分方程为

$$[\boldsymbol{M}]\{\ddot{X}\}+[\boldsymbol{C}]\{\dot{X}\}+[\boldsymbol{K}]\{\boldsymbol{X}\}=\{\boldsymbol{F}(t)\} \tag{2-28}$$

式中 $[\boldsymbol{M}]$—— 质量矩阵；

$[\boldsymbol{C}]$—— 阻尼矩阵；

$[\boldsymbol{K}]$—— 刚度矩阵；

$\{\boldsymbol{F}(t)\}$—— 激励力向量；

$\{\boldsymbol{X}\}$ ——节点位移响应向量。

其中质量矩阵 $[\boldsymbol{M}]$ 是正定矩阵；刚度矩阵 $[\boldsymbol{K}]$ 对于无刚体运动的约束系统是正定的，对于有刚体运动的自由系统则是半正定的；当阻尼为比例阻尼时，$[\boldsymbol{C}]$ 为对称矩阵；$\{\boldsymbol{X}\}$ 及 $\{\boldsymbol{F}(t)\}$ 分别为系统各点的位移响应和激励力向量。

$$\{\boldsymbol{X}\}=\{X_1,\ X_2,\ \cdots,\ X_N\}^{\mathrm{T}} \tag{2-29}$$

$$\{\boldsymbol{F}(t)\}=\{f_1, f_2,\ \cdots,\ f_N\}^{\mathrm{T}} \tag{2-30}$$

方程(2-28)是用系统的物理坐标 $\{X\}$，$\{\dot{X}\}$ 和 $\{\ddot{X}\}$ 描述的运动方程组，在每一个方程中均包含系统各点的物理坐标，因此是一组耦合方程。当系统自由度数很大时，求解比较困难。模态分析法就是以无阻尼系统的各阶主振型所对应的模态坐标来代替物理坐标，使微分方程解耦，变成各个独立的微分方程，从而求出系统的各阶模态参数。

对式(2-28)进行拉氏变换，可得

$$(s^2\boldsymbol{M}+s\boldsymbol{C}+\boldsymbol{K})X(s)=\boldsymbol{F}(s) \tag{2-31}$$

式中，$s=\sigma+j\tau$，为拉氏变换因子；

$X(s)=\int_{-\infty}^{+\infty} x(t)\mathrm{e}^{-st}\,\mathrm{d}t$，为响应的拉氏变换；

$F(s)=\int_{-\infty}^{+\infty} f(t)\mathrm{e}^{-st}\mathrm{d}t$，为激励的拉氏变换。

式(2-31)又可以写为

$$\boldsymbol{Z}(s)\boldsymbol{X}(s)=\boldsymbol{F}(s) \tag{2-32}$$

式中，$\boldsymbol{Z}(s)=s^2\boldsymbol{M}+s\boldsymbol{C}+\boldsymbol{K}$，为 $N\times N$ 阶位移阻尼矩阵。

$\boldsymbol{Z}(s)$ 的逆矩阵为传递函数矩阵 $\boldsymbol{H}(s)$：

$$\boldsymbol{H}(s)=[\boldsymbol{Z}(s)]^{-1}=(s^2\boldsymbol{M}+s\boldsymbol{C}+\boldsymbol{K})^{-1} \tag{2-33}$$

对线性时不变系统，其极点在复平面左半平面，因此可将 s 转变成 $j\omega$，得出在复数域中的阻尼矩阵及频响函数矩阵。

$$\boldsymbol{Z}(\omega)=-\omega^2\boldsymbol{M}+j\omega\boldsymbol{C}+\boldsymbol{K} \tag{2-34}$$

$$\boldsymbol{H}(\omega)=(-\omega^2\boldsymbol{M}+j\omega\boldsymbol{C}+\boldsymbol{K})^{-1} \tag{2-35}$$

此时，系统的运动方程为

$$(-\omega^2\boldsymbol{M}+j\omega\boldsymbol{C}+\boldsymbol{K})X(\omega)=\boldsymbol{F}(\omega) \tag{2-36}$$

由振动理论知，对线性时不变系统，系统的任一点均可表示为各阶模态响应的线性叠加，对第 m 点的响应有

$$x_m(\omega)=\varphi_{m1}q_1(\omega)+\varphi_{m2}q_2(\omega)+\cdots+\varphi_{mN}q(\omega)=\sum_{r=1}^{N}\varphi_{mr}q_r(\omega) \tag{2-37}$$

式中　φ_{mr}——第 m 个测点第 r 阶模态的振型系数；

　　$q_r(\omega)$——第 r 阶模态坐标。

由 N 个测点的振型系数组成的列向量称为第 r 阶模态向量，反映了该阶模态的振动形状。

$$\boldsymbol{\varphi}_r=\{\varphi_{1r},\ \varphi_{2r},\ \cdots,\ \varphi_{Nr}\}^{\mathrm{T}} \tag{2-38}$$

由各阶模态向量组成的矩阵称为模态矩阵：

$$\boldsymbol{\Phi}=[\varphi_1, \varphi_2, \cdots, \varphi_N] \tag{2-39}$$

由各阶模态坐标组成的向量称为模态坐标：

$$\boldsymbol{q}=[q_1(\omega), q_2(\omega), \cdots, q_N(\omega)]^{\mathrm{T}} \tag{2-40}$$

由式(2-40)与式(2-37)可得系统的响应列向量为

$$\boldsymbol{X}(\omega)=\boldsymbol{\Phi q} \tag{2-41}$$

将上式代入式(2-29)中，可得

$$(-\omega^2\boldsymbol{M}+j\omega\boldsymbol{C}+\boldsymbol{K})\boldsymbol{\Phi q}=\boldsymbol{F}(\omega) \tag{2-42}$$

对于无阻尼自由振动，上式成为

$$(-\omega^2\boldsymbol{M}+\boldsymbol{K})\boldsymbol{\Phi q}=0 \tag{2-43}$$

对第 r 阶模态，则得

$$(-\omega^2\boldsymbol{M}_r+\boldsymbol{K}_r)\boldsymbol{\Phi}_r=0 \tag{2-44}$$

对于阻尼系统，第 r 阶模态，有

$$(-\omega^2\boldsymbol{M}_r+j\omega\boldsymbol{C}_r+\boldsymbol{K}_r)\boldsymbol{\Phi}_r=0 \tag{2-45}$$

根据上述理论，利用有限元软件 ANSYS 对横向稳定杆进行了模态分析。同时根据 Craig-Bampton 模态综合法，按照低地板城市客车后悬架横向稳定杆的实际铰链施加位置，选择 A, B, C, D 四处中心点的节点，将关键点粘贴到这些节点上，并在 ANSYS 软件中，运行 ADAMS 宏命令，将模态分析的结果生成到 MNF(Model Neutral File)文件中。在 ADAMS/View 环境下，导入该信息文件，用柔体模型代替相关的部件，并建立与相邻部件的链接关系。由于 Craig-Bampton 模态综合算法对每个柔性体加了 6 个非线性刚体坐标，因此横向稳定杆的模态振型有刚体运动，在用多柔体模型进行仿真时，要将这些刚体模态振型屏蔽掉。表 2-1 显示了横向稳定杆主要的自由振动频率，图 2-5 至图 2-10 显示了横向稳定杆的 800 Hz 以下的自由振动振型图及对应的固有频率。

表 2-1　横向稳定杆固有频率计算结果

模态数	固有频率(Hz) ANSYS 分析结果	固有频率(Hz) ADAMS 多体模型中 Craig-Bampton 模态综合后
7	87.923	87.923
8	143.010	143.010
9	179.774	179.774
10	284.689	284.691
11	352.832	352.835
12	733.922	733.929
13	823.215	823.221
14	1 159.604	1 159.611
15	1 251.412	1 251.418
16	1 568.993	1 568.995
17	1 799.626	1 799.635
18	2 020.317	2 020.322

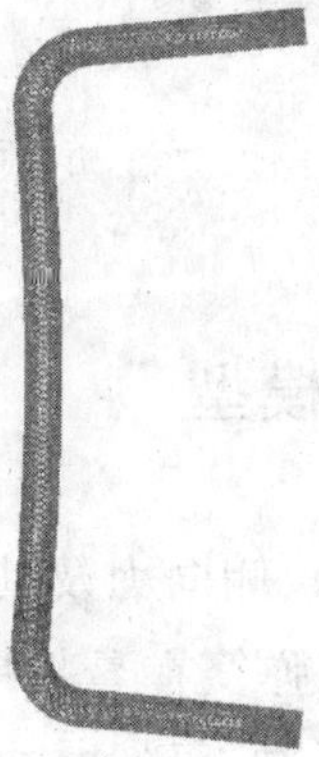

图 2-5　模态 7，87.923 Hz

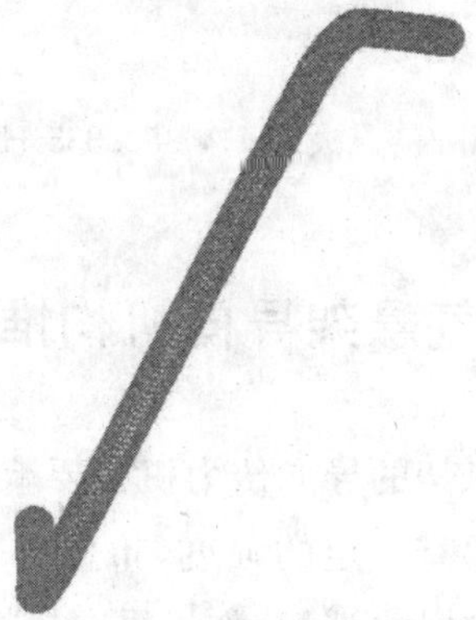

图 2-6　模态 8，143.010 Hz

图 2-7　模态 9，179.774 Hz

图 2-8　模态 10，284.691 Hz

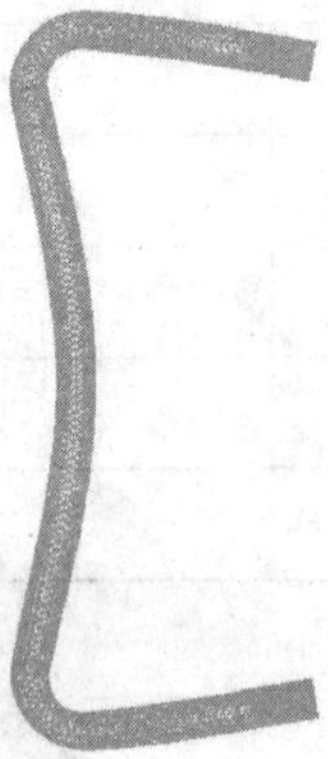

图 2-9　模态 11，352.835 Hz

图 2-10　模态 12，733.929 Hz

2.3　空气悬架导向机构推力杆的柔体模型

空气悬架的导向传力机构要承受汽车的纵向力、侧向力及其力矩，因此导向机构要有一定的强度，布置方式要合理。空气弹簧在悬架中主要承受垂直载荷、减振、消振，如果导向机构设计得不合理，则会增加空气弹簧的负担，甚至会发生扭曲、摩擦等现象，恶化减振效果，缩短弹簧的寿命。因此，导向机构是保证空气弹簧正确变形，保证空气悬架基本性能的重要部件，属杆系结构，具有一定的弹性变形。

空气悬架导向机构的型式是多种多样的，在大客车中广泛采用四杆式导向机构。图 2-11 是低地板城市客车后悬架的导向机构杆系布置方式，杆 1 是横向布置的，杆 2 和杆 3 分别是上、下两层纵向布置，还有一根纵向推力杆与杆 3 对称布置。这四根推力杆承担着后驱动桥与车架之间的复杂的力与力矩的传递，作为车辆模型精细化的一部分，用前面介绍的方法建立其柔体模型。在 ANSYS 软件中，以四面体单元进行网格自动划分，进行模态分析，然后输出有限元文件，导入 ADAMS 中。表 2-2 是一些有用的固频，图2-12 至图 2-15 是推力杆模态分析的典型固有频率和振型。

图 2-11　后空气悬架导向机构推力杆布置

表 2-2　推力杆固有频率计算结果

模态数	固有频率(Hz) ANSYS 分析结果	固有频率(Hz) ADAMS 多体模型中 Craig-Bampton 模态综合后
7	882.9686	882.9683
8	1 139.5276	1 139.5371
9	2 363.0821	2 636.0819
10	2 426.6901	2 426.6901
11	3 364.6729	3 364.6223
12	4 472.5107	4 472.5104

图 2-12　模态 7，882.968 Hz

图 2-13　模态 8，1 139.527 Hz

图 2-14　模态 9，2 363.908 Hz

图 2-15　模态 10，2 426.690 Hz

2.4　小结

对于车辆系统来说，比较适合采用大位移、小变形的多柔体理论进行计算。早期多采用离散化方法，即在刚体动力学的基础上，将一个刚体分为若干段，每段之间采用力元约束，目前应用比较广泛的是瑞利-李兹法和模态综合法，而且被多种多体动力学软件所采用。

针对所采用的 ADAMS 软件平台，本书采用 Craig-Bampton 模态综合法进行刚柔体模型的耦合计算，其基本思想是把一个大型的复杂结构，按其结构特点分割成若干子结构；然后用数值方法如有限元法，或试验模态方法得到各个子结构的动态特性，利用各个子结构模态对物理坐标进行模态坐标变换，并将所用子结构进行组合；随后利用各个子结构的界面连接条件，进行第二次坐标变换，消去不独立的模态坐标，得到一组用独立的各个子结构的模态坐标表示的整个系统的运动方程。

车辆系统中包含有大量的柔体部件，车辆刚柔体耦合是车辆模型精细化的重要内容。本书在 ANSYS 环境下，对横向稳定杆和后悬架导向机构的杆系进行模态分析，并通过模态综合法把有限元模型嵌入到虚拟样机模型中。有限元模态分析的结果与多体模型中的模态的比较证明了模态综合法的有效性。

第3章　独立悬架系统运动学和动力学特性研究

悬架系统的运动学特性与动力学特性是车辆悬架系统分析的重要研究内容，是悬架设计和匹配的重要依据。

悬架的运动学特性是指汽车车轮上下跳动时，前轮定位参数、轮距的相应变化规律，直接影响到汽车的使用性能。悬架的前轮定位参数，包括主销后倾角、主销内倾角、前轮外倾角和前轮前束，对汽车的操纵稳定性影响极大，是保证汽车稳定行驶的重要参数，悬架的导向结构须保证前轮定位参数的变化规律有利于改善车辆的操纵稳定性，以充分发挥车辆的运载能力和保证稳定行驶的能力。轮距的变化是轮胎磨损的主要原因之一，车轮上下跳动时，导向机构应保证轮距不会有明显的变化。悬架的运动性特性对车辆的行驶平顺性和操纵稳定性有很大的影响。

悬架的动特性包括阻尼特性和刚度特性，对于减振器阻尼特性的研究已有学者做了相当深入的工作，对刚度特性的研究，即悬架变形与载荷之间以及系统刚度随车轮跳动行程的变化关系[112, 113]，由于悬架系统导向机构的复杂性，需进一步的加强和深入。

非独立悬架由于其导向机构比较简单，悬架的运动学参数和动特性参数比较容易确定。由于独立悬架中的导向机构、部分转向传动机构以及与之相关的传动轴均为空间布置，所以悬架各参数的空间运动规律的描述较为复杂，现代车辆中广泛使用的弹性橡胶元件亦增加了悬架运动学和动力学研究的难度。国内应用多体动力学对悬架的运动学进行研究和优化的工作比较多，多是基于多刚体悬架模型[113, 114]，也有学者讨论了弹性元件对悬架性能的影响，文献[115]讨论了橡胶衬套元件对五连杆悬架运动学参数的影响，文献[116, 117]讨论了弹性元件包括橡胶衬套和弹性杆件对奥迪轿车的麦弗逊独立悬架运动学特性及顺从性的影响。

空气弹簧是大客车广泛使用的弹性元件，双横臂独立空气悬架的动刚度特性由其导向机构与空气弹簧的刚度共同决定。双横臂结构的复杂空间变化以及空气弹簧本身的非线性刚度特性增加了独立悬架动刚度分析的复杂性。

多体系统动力学理论对于解决复杂空间问题有独特的优点，本章将利用多体系统动力学的理论，建立双横臂独立空气悬架的多刚体模型和刚弹耦合模型，以此为基础，对其运动学参数的变化规律进行研究，并分析橡胶弹性元件的影响；考虑空气弹簧的非线性刚度特性，计算空气悬架刚度随悬架变形的变化规律，并对双横臂悬架导向机构的影响进行分析。

3.1　系统动力学方程

3.1.1　系统动力学方程的建立

用多体系统中质量 i 的质心笛卡尔坐标和反映质量方位的欧拉角（或广义欧拉角）作为广义坐标，即 $q_i=[x, y, z, \psi, \theta, \varphi]_i^{\mathrm{T}}$，$q=[q_1^{\mathrm{T}}, \cdots, q_n^{\mathrm{T}}]^{\mathrm{T}}$。对于建立的整车系统动力学模型，$i=7$。采用拉格朗日乘子法建立系统运动方程：

$$\frac{\mathrm{d}}{\mathrm{d}t}\left(\frac{\partial T}{\partial \dot{q}}\right)^{\mathrm{T}}-\left(\frac{\partial T}{\partial q}\right)^{\mathrm{T}}+f_q^{\mathrm{T}}\rho+g_{\dot{q}}^{\mathrm{T}}\mu=Q \tag{3-1}$$

完整约束方程时，$f(q,t)=0$，

非完整约束方程时，$g(q, \dot{q}, t)=0$，

其中 T 为系统动能；q 为系统广义坐标位移列阵，如果只考虑减振器系统中的质量 i 的垂向动力特性，并忽略减振器安装时的倾角，则 q 中的列阵向量 $q_i=[0, 0, z, 0, 0, 0]_i^{\mathrm{T}}$；$Q$ 为广义力列阵，在减振器系统动力学建模中为正弦激励输入；ρ 为对应于完整约束的拉氏乘子列阵；μ 为对应于非完整约束的拉氏乘子列阵；$\dot{q}$ 为系统广义速度列阵。

对于有 N 个自由度的力学系统，确定 N 个广义速率以后，即可计算出系统内各质点及各刚体相应的偏速度及偏角速度，以及相应的 N 个广义主动

力及广义惯性力。令每个广义速率所对应的广义主动力与广义惯性力之和为零，所得到的 N 个标量方程，即称为系统的动力学方程，也称为 Kane 方程，即：

$$F^{(r)}+F^{*(r)}=0 \quad (r=1,\ 2,\ \cdots,\ N) \tag{3-2}$$

式中，$F^{(r)}$ 为广义主动力；$F^{*(r)}$ 为广义惯性力；r 为系统中的第 r 个自由度。

写成对应的矩阵形式为

$$F+F^{*}=0 \tag{3-3}$$

式中，F 和 F^{*} 分别为 N 阶广义主动力和广义惯性力列阵，分别为

$$F=[F^{(1)}\cdots F^{(N)}]^{\mathrm{T}},\ F^{*}=[F^{*(1)}\cdots F^{*(N)}]^{\mathrm{T}}$$

在式(3-1)中，令：$u=\dot{q}$，$\dot{u}=\ddot{q}$，则系统运动方程可化成动力学方程，为

$$F(q,\ u,\ \dot{u},\ \lambda,\ t)=0 \tag{3-4}$$

$$G(u,\ \dot{q})=u-\dot{q}=0 \tag{3-5}$$

$$\Phi(q,\ t)=0 \tag{3-6}$$

式中，u 为广义速度列阵；λ 为约束反力及作用力列阵(系统动力学微分方程及自定义微分方程，如用于控制的微分方程、非完整约束方程等)；F，G 为描述广义速度的代数方程列阵；Φ 为描述约束的代数方程列阵。

3.1.2 系统动力学方程的求解

对于悬架系统或整车系统而言，由于存在各种非线性因素，不可能求解出动力方程的解析代数方程，只能用计算机，采用数值的方法求解，常用的是 Gear 预估—校正多步算法。

Gear 预估—校正多步算法继承 ADAMS 四阶预估—校正变阶算法，采用变步长法，其步骤为：

(1) $f(x,\ t)$ 的 Jacobi 矩阵的计算；

(2) 校正的迭代运算，做这一步时要适当给出迭代精度与单步积分精度，否则会出现迭代收敛所要求的步长小于单步积分精度要求的步长，造成

计算步长反复放大缩小。

如果定义系统的状态矢量 $y=[q^{\mathrm{T}}, u^{\mathrm{T}}, \lambda^{\mathrm{T}}]^{\mathrm{T}}$，用Gear算法求解系统运动方程，首先，根据当前时刻的系统状态矢量值，用 Taylor 级数预估下一个时刻系统的状态矢量值：

$$y_{n+1}=y_n+\frac{\partial y_n}{\partial t}h+\frac{1}{2!}\frac{\partial^2 y_n}{\partial t^2}h^2+\cdots \tag{3-7}$$

式中时间步长 $h=t_{n+1}-t_n$，这种预估算法得到的新的时刻的系统状态矢量值通常不准确，可由 Gear 法 K+1 阶积分进行校正：

$$y_{n+1}=-h\beta_0\dot{y}_{n+1}+\sum_{i=1}^{k}\alpha_i y_{n-i+1} \tag{3-8}$$

其中 y_{n+1} 是 $y(t)$ 在 $t=t_{n+1}$ 时的近似值，β_0 和 α_i 为 Gear 积分系数值，也可写成：

$$\dot{y}_{n+1}=\frac{-1}{h\beta_0}\left[y_{n+1}-\sum_{i=1}^{k}\alpha_i y_{n-i+1}\right] \tag{3-9}$$

则系统动力学方程，式(3-4)、式(3-5)和式(3-6)在 $t=t_{n+1}$ 时刻展开，得

$$F(q_{n+1}, u_{n+1}, \dot{u}_{n+1}, \lambda_{n+1}, t_{n+1})=0 \tag{3-10}$$

$$G(u_{n+1}, \dot{q}_{n+1})=u_{n+1}-\dot{q}_{n+1}=u_{n+1}-\left(\frac{-1}{h\beta_0}\right)\left(q_{n+1}-\sum_{i=1}^{k}\alpha_i q_{n-i+1}\right)=0 \tag{3-11}$$

$$\Phi(q_{n+1}, t_{n+1})=0 \tag{3-12}$$

由于整车系统是一个强的非线性系统，采用迭代时易出现分叉和混沌等奇异性问题，这里采用修正的 Newton-Raphson(N-R)算法进行迭代。

N-R算法是用来求解非线性方程组 $\Phi(x)=0$，其中共有 n 个非线性方程，即：$\Phi=(\Phi_1, \cdots, \Phi_n)^{\mathrm{T}}$，变量 x 阵为 n 阶列阵。N-R 算法的关键是如何选取适当的初值，如果矩阵为非奇异，则解是唯一的。使用修正的 N-R 算

法求解上述非线性方程,其迭代校正公式为

$$F_j + \frac{\partial F}{\partial q}\Delta q_j + \frac{\partial F}{\partial u}\Delta u_j + \frac{\partial F}{\partial \dot{u}}\Delta \dot{u}_j + \frac{\partial F}{\partial \lambda}\Delta \lambda_j = 0 \tag{3-13}$$

$$G_j + \frac{\partial G}{\partial q}\Delta q_j + \frac{\partial G}{\partial u}\Delta u_j = 0 \tag{3-14}$$

$$\Phi_j + \frac{\partial \Phi}{\partial q}\Delta q_j = 0 \tag{3-15}$$

式中 j 表示第 j 次迭代;$\Delta q_j = q_{j+1} - q_j$;$\Delta u_j = u_{j+1} - u_j$;$\Delta \lambda_j = \lambda_{j+1} - \lambda_j$。则

$$\Delta \dot{u}_j = -\left(\frac{1}{h\beta_0}\right)\Delta u_j \tag{3-16}$$

$$\frac{\partial G}{\partial q} = \left(\frac{1}{h\beta_0}\right) I \tag{3-17}$$

式中 $I = \frac{\partial G}{\partial u}$,则式(3-13)、式(3-14)和式(3-15)写成矩阵形式为

$$\begin{bmatrix} \frac{\partial F}{\partial q} & \left(\frac{\partial F}{\partial u} - \frac{1}{h\beta_0}\frac{\partial F}{\partial \dot{u}}\right) & \left(\frac{\partial \Phi}{\partial q}\right)^{\mathrm{T}} \\ \left(\frac{1}{h\beta_0}\right) I & I & 0 \\ \frac{\partial \Phi}{\partial q} & 0 & 0 \end{bmatrix} \begin{Bmatrix} \Delta q \\ \Delta u \\ \Delta \lambda \end{Bmatrix}_j = \begin{Bmatrix} -F \\ -G \\ -\Phi \end{Bmatrix}_j \tag{3-18}$$

式中,左边的系数矩阵称为系统的 Jacobi 矩阵,其中:$\frac{\partial F}{\partial q}$ 为系统的刚度矩阵;$\frac{\partial F}{\partial u}$ 为系统阻尼矩阵;$\frac{\partial F}{\partial \dot{u}}$ 为系统质量矩阵。通过分解系统 Jacobi 矩阵求解 Δq_j、Δu_j 和 $\Delta \lambda_j$,计算出 q_{j+1},u_{j+1},λ_{j+1},$\dot{q}_{j+1}$,$\dot{u}_{j+1}$ 和 $\dot{\lambda}_{j+1}$,重复上述步骤,直到满足收敛条件,判定积分误差限,确定是否接受该解,即可求得多体系统相应部件的位移、速度和加速度。

3.1.3　系统静力学和运动学的分析

1. 静力学分析

对应于上面的动力学分析过程，在进行系统静力学和准静力学的分析时，分别设速度和加速度为零，即令：$u=0$，$\dot{u}=0$，则得静力学方程为

$$\begin{bmatrix} \dfrac{\partial F}{\partial q} & \left(\dfrac{\partial \Phi}{\partial q}\right) \\ \dfrac{\partial \Phi}{\partial q} & 0 \end{bmatrix}_j \begin{Bmatrix} \Delta q \\ \Delta \lambda \end{Bmatrix}_j = \begin{Bmatrix} -F \\ -\Phi \end{Bmatrix}_j \tag{3-19}$$

2. 运动学分析

运动学分析主要研究零自由度系统位移、速度、加速度和约束反力，因此只需求解系统约束方程：

$$\Phi(q_n, t_n)=0 \tag{3-20}$$

其中初值 q_0 已知，任一时刻位移的确定，可由约束方程的 N-R 迭代求得：

$$\left.\frac{\partial \Phi}{\partial q}\right|_j \Delta q_j = -\Phi(q_j, t_n) \tag{3-21}$$

第 t_n 时刻速度和加速度的确定，可由约束方程求一阶和二阶的时间导数得到：

$$\left(\frac{\partial \Phi}{\partial q}\right)\dot{q} = -\frac{\partial \Phi}{\partial t} \tag{3-22}$$

$$\left(\frac{\partial \Phi}{\partial q}\right)\ddot{q} = -\left\{\frac{\partial^2 \Phi}{\partial t^2} + \sum_{k=1}^{n}\sum_{l=1}^{n}\frac{\partial^2 \Phi}{\partial q_k \partial q_1}\dot{q}_k\dot{q}_l + \frac{\partial}{\partial t}\left(\frac{\partial \Phi}{\partial q}\right)\dot{q} + \frac{\partial}{\partial q}\left(\frac{\partial \Phi}{\partial t}\right)\dot{q}\right\} \tag{3-23}$$

第 t_n 时刻约束反力的确定，可由带乘子的拉格朗日方程得到：

$$\left(\frac{\partial \Phi}{\partial q}\right)^{\mathrm{T}} \lambda=\left\{-\frac{\mathrm{d}}{\mathrm{d} t}\left(\frac{\partial T}{\partial \dot{q}}\right)^{\mathrm{T}}+\left(\frac{\partial T}{\partial q}\right)^{\mathrm{T}}+Q\right\} \tag{3-24}$$

3. 初始条件分析

在进行动力学和静力学分析之前，首先要进行初始条件的分析，以便在初始系统模型中各物体的坐标与各种运动学约束之间达成协调，这样可保证系统满足所有的约束条件。初始条件分析通过求解相应的位置、速度和加速度目标函数的最小值得到。

（1）对初始位置分析，定义相应的位置目标函数 L_0 为

$$L_0=\frac{1}{2} \sum_{i=1}^{n} W_i\left(q_i-q_{0i}\right)^2+\sum_{j=1}^{m} \lambda_j^0 \Phi_j \tag{3-25}$$

式中，n 是系统总的广义坐标数；m 是系统约束方程数；Φ_j 和 λ_j^0 分别是约束方程及对应的拉氏乘子；q_{0i} 是自定义的准确的或近似的初始坐标值或程序定义的缺省坐标值；W_i 是对应 q_{0i} 的加权系数，如果自定义的 q_{0i} 是准确的坐标值，W_i 取大值；如果自定义的 q_{0i} 是近似的坐标值，W_i 取小值；如果程序定义的 q_{0i} 坐标值，W_i 取零值。

当 L_0 取最小值，则由 $\frac{\partial L_0}{\partial q_i}=0, \frac{\partial L_0}{\partial \lambda_j^0}=0$ 得

$$W_i(q_i-q_{0i})+\sum_{j=1}^{m} \lambda_j^0 \frac{\partial \Phi_j}{\partial q_i}=0 \quad i=1,2, \cdots, n \tag{3-26}$$

$$\Phi_j=0 \quad j=1,2, \cdots, m \tag{3-27}$$

对应的函数形式：

$$f_i(q_k, \lambda_l^0)=0 \quad k=1,2, \cdots, n \tag{3-28}$$

$$g_j(q_k)=0 \quad l=1,2, \cdots, m \tag{3-29}$$

其 N-R 迭代公式为

$$\begin{bmatrix} \left(W_i + \sum_{k=1}^{n}\sum_{j=1}^{m}\lambda_j^0 \frac{\partial^2 \Phi_j}{\partial q_k \partial q_i}\right) & \sum_{j=1}^{m}\frac{\partial \Phi_j}{\partial q_i} \\ \sum_{k=1}^{n}\frac{\partial \Phi_j}{\partial q_k} & 0 \end{bmatrix}_p \begin{Bmatrix} \Delta q_k \\ \Delta \lambda_l^0 \end{Bmatrix}_p \tag{3-30}$$

$$= \begin{Bmatrix} -W_i(q_{ip} - q_{0i}) - \sum_{j=1}^{m}\lambda_{jp}^0 \frac{\partial \Phi_{jp}}{\partial q_{ip}} \\ -\Phi_j(q_{kp}) \end{Bmatrix}$$

式中，迭代参数 $\Delta q_{k,\,p} = q_{k,\,p+1} - q_{k,\,p}$；$\Delta\lambda_{l,\,p}^0 = \lambda_{l,\,p+1}^0 - \lambda_{l,\,p}^0$；下标 p 表示第 p 次迭代。

(2) 对初始速度分析，定义相应速度目标函数 L_1：

$$L_1 = \frac{1}{2}\sum_{i=1}^{n} W'_i(\dot{q}_i - \dot{q}_{0i})^2 + \sum_{j=1}^{m}\lambda'_j \frac{\mathrm{d}\Phi_j}{\mathrm{d}t} \tag{3-31}$$

式中，$\dot{q}_{0i}$ 是自定义的准确的或近似的初始速度值或程序定义的缺省速度值；W'_i 是对应 $\dot{q}_{0i}$ 的加权系数；λ'_j 是对应速度约束方程的拉氏乘数因子；速度约束方程为

$$\frac{\mathrm{d}\Phi_j}{\mathrm{d}t} = \sum_{k=1}^{n}\frac{\partial \Phi_j}{\partial q_k}\dot{q}_k = \frac{\partial \Phi_j}{\partial t} = 0 \tag{3-32}$$

L_1 取最小值，则由 $\frac{\partial L_1}{\partial q_i} = 0$，$\frac{\partial L_1}{\partial \lambda'_j} = 0$，代入式(3-31)并整理得

$$W'_i(\dot{q}_i - \dot{q}_{0i}) + \sum_{j=1}^{m}\lambda'_j\left(\frac{\partial \Phi_j}{\partial q_i}\right) = 0 \quad i = 1, 2, \cdots, n \tag{3-33}$$

$$\sum_{k=1}^{n}\left(\frac{\partial \Phi_j}{\partial q_k}\right)\dot{q}_k + \frac{\partial \Phi_j}{\partial t} = 0 \quad j = 1, 2, \cdots, m \tag{3-34}$$

写成矩阵形式为

$$\begin{bmatrix} W'_k & \sum_{j=1}^{m} \frac{\partial \Phi_j}{\partial q_k} \\ \sum_{k=1}^{m} \frac{\partial \Phi_j}{\partial q_k} & 0 \end{bmatrix} \begin{Bmatrix} \dot{q}_k \\ \lambda'_j \end{Bmatrix} = \begin{Bmatrix} W'_k \dot{q}_{0k} \\ \frac{-\partial \Phi_j}{\partial t} \end{Bmatrix} \quad k=1,\ 2,\ \cdots,\ n \tag{3-35}$$

式 3-35 是关于 $\dot{q}_k$，λ'_j的线性方程，系数矩阵只与位置有关，可以直接求解 $\dot{q}_k$，λ'_j。

(3) 对初始加速度和初始拉氏乘子的分析，可直接由系统动力学方程和系统约束方程的两阶导数确定。将系统动力学方程写成分量形式为

$$\sum_{k=1}^{n} (m_{ik}(q_k))\ddot{q}_k + \sum_{j=1}^{m} \lambda_j \frac{\partial \Phi_j}{\partial q_i} = Q_i(q_k,\ \dot{q}_k,\ t) \tag{3-36}$$

$$\frac{\mathrm{d}^2 \Phi_j}{\mathrm{d}t^2} = \sum_{i=1}^{n} \left(\frac{\partial \Phi_j}{\partial q_i}\right)\ddot{q}_i - h_j(q_k,\ \dot{q}_k,\ t) = 0 \tag{3-37}$$

$$h_j = -\left[\frac{\partial^2 \Phi_j}{\partial t^2} + \sum_{i=1}^{n} \frac{\partial}{\partial t}\left(\frac{\partial \Phi_j}{\partial q_i}\right)\dot{q}_i + \sum_{i=1}^{n} \frac{\partial}{\partial q_i}\left(\frac{\partial \Phi_j}{\partial t}\right)\dot{q}_i + \sum_{i=1}^{n}\sum_{k=1}^{n}\left(\frac{\partial^2 \Phi_j}{\partial q_k \partial q_i}\right)\dot{q}_k \dot{q}_i\right] \tag{3-38}$$

写成矩阵形式为

$$\begin{bmatrix} \sum_{k=1}^{n} m_{ik}(q_k) & \sum_{j=1}^{m} \frac{\partial \Phi_j}{\partial q_i} \\ \sum_{i=1}^{n} \frac{\partial \Phi_j}{\partial q_k} & 0 \end{bmatrix} \begin{Bmatrix} \ddot{q}_k \\ \lambda_j \end{Bmatrix} = \begin{Bmatrix} Q_i \\ h_j \end{Bmatrix} \tag{3-39}$$

上式中非零项已经分解，如式(3-30)和式(3-35)所示，则可以求解 $\ddot{q}_k$ 和λ_j。

3.2 双横臂独立悬架多刚体模型及刚弹耦合模型

基于多体系统动力学理论，对双横臂独立悬架进行了空间拓扑分析，并

在 ADAMS 环境下建立起多体运动学分析模型和动力学分析模型，对前悬架前轮定位参数及悬架动刚度进行了分析计算。

3.2.1　双横臂独立悬架系统多体模型

图 3-1 即为 1/2 双横臂独立悬架的空间拓扑结构简图。图中，A，B 两点是上横臂转动安装点，AB 为上横臂转动轴线；C，D 两点是下横臂转动安装点，CD 为下横臂转动轴线；E，F 是独立悬架摆臂安装点；G 为主销安装点；H 为轮胎中心；I 为转向节臂球销中心；J 转向横拉杆安装点；K 为转向摆臂安装点。其中，构件 1 为双横臂独立悬架上横臂，构件 2 为双横臂独立悬架下横臂，构件 3 为独立悬架摆臂，构件 4 为主销与转向节的综合体，构件 5 为悬架轮胎，构件 6 转向杆件断开，构件 7 为车架。

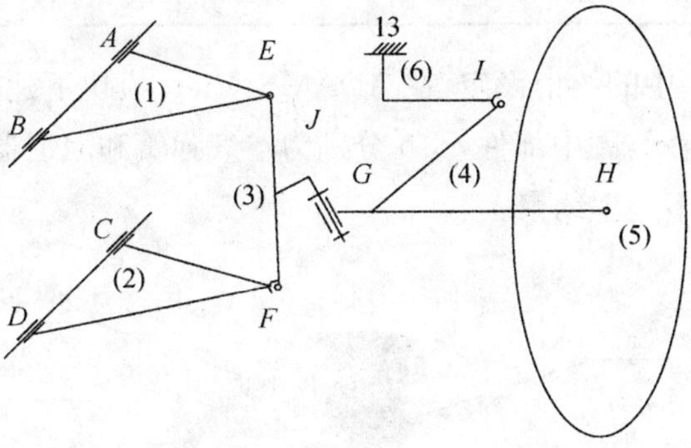

图 3-1　双横臂独立悬架空间拓扑结构

一般而言，由于空气弹簧只能承受垂向载荷，空气悬架需要导向机构来约束悬架与车架之间的相对运动关系，承受纵向力及侧向力。SWB6125 是发动机后置后驱动布置，前悬架无需负担驱动功能，承受的力及力矩相对较小，所以没有设置专用的限制纵向、侧向运动的机构，而是直接利用车架与独立悬架上下两个横臂共同完成。

按照多体动力学理论建立系统模型时，在满足系统部件之间运动关系的同时，要避免出现过约束现象。在此原则下，二分之一前悬架部件之间的约束关系设定见表 3-1。

表 3-1 双横臂独立悬架多体模型的运动副分布

构件总数： 7 个(包括机架)			
约束类型	个数	构件	约束自由度
转动副	4	构件 1,构件 13	5
		构件 2,构件 13	5
		构件 3,构件 4	5
		构件 4,构件 5	5
球面副	2	构件 2,构件 3	3
		构件 4,构件 6	3
万向节约束	1	构件 1,构件 3	4

按照表 3-1 中的约束设定，在 ADAMS/View 模块下建立的前悬架多体模型如图 3-2 所示，图中部件 a，b 分别为空气弹簧和阻尼器，在运动学分析中不用考虑，且不产生约束。

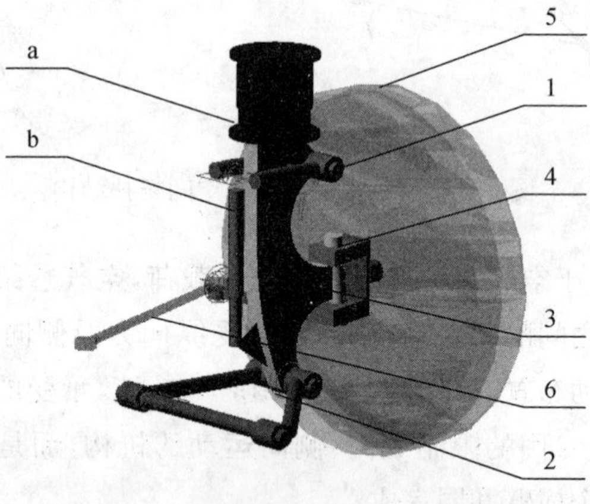

1—前独立悬架上横臂；2—前独立悬架下横臂；3—前独立悬架摆臂；4—转向节；
5—前悬架轮胎；6—转向横拉杆；a—空气弹簧；b—减振器

图 3-2 前悬架多体模型

3.2.2　转向杆系运动学模型

该低地板客车采用动力转向，转向系俯视图如图 3-3 所示。图中用线框起的是从方向盘到转向机之间的传递部分，中间经过两次转动方向的改变，而且该段是可以用传动比精确描述的，为模型简化计，多体仿真模型中暂不考虑转向机的布置方式，研究重点放在从转向机到转向轮之间的转角传递与转角匹配。

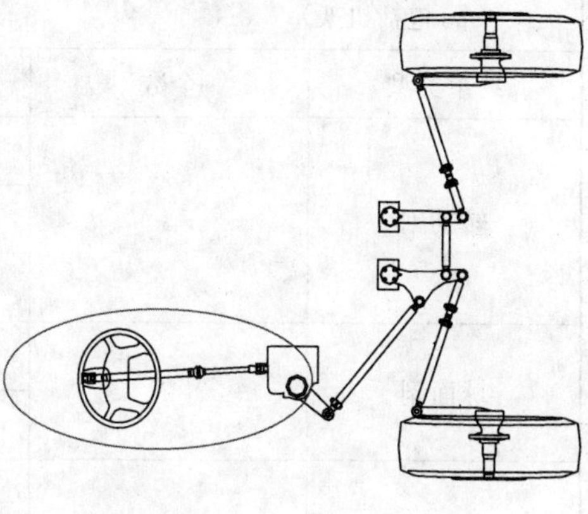

图 3-3　转向系

图 3-4 中，转向摆臂接受来自方向盘经转向器传递来的转角输入，产生摆动，然后经转向杆系分配到左右转向轮，从转向摆臂到转向轮之间形成一个比较完整的转角传递和分配关系。从方向盘至摆臂之间的转角传动比为 14.1。图 3-4 中各部件之间的链接关系见表 3-2。

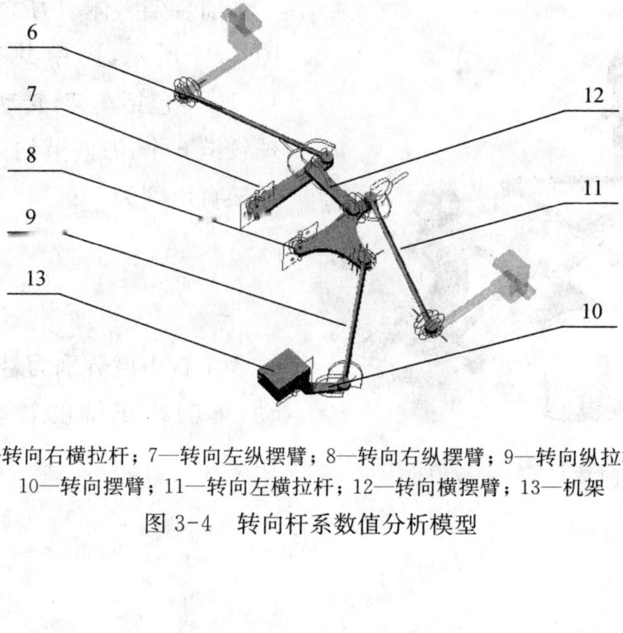

6—转向右横拉杆；7—转向左纵摆臂；8—转向右纵摆臂；9—转向纵拉杆；10—转向摆臂；11—转向左横拉杆；12—转向横摆臂；13—机架

图 3-4　转向杆系数值分析模型

表 3-2　转向系杆件约束关系

构件总数： 8个(包括机架)			
约束类型	个数	构件	约束自由度
转动副	3	构件 7,构件 13	5
		构件 8,构件 13	5
		构件 10,构件 13	5
球面副	2	构件 8,构件 9	3
		构件 8,构件 12	3
万向节约束	4	构件 6,构件 7	4
		构件 7,构件 12	4
		构件 8,构件 11	4
		构件 9,构件 10	4

3.2.3　前悬架多刚体仿真模型

图 3-5　前悬架多体分数值析模型

前悬架多体动力学仿真模型如图 3-5 所示，图中共有运动部件 17 个，不包括车架，转动铰链 11 个，球铰链 6 个，万向节约束 6 个，则前悬架自由度为

$$17 \times 6 - 11 \times 5 - 6 \times 3 - 6 \times 4 = 5 \tag{3-40}$$

这 5 个自由度分别为悬架的上下运动，车辆绕车轴的转动和转向自由度。

3.2.4　双横臂独立悬架刚弹耦合模型

汽车中使用的橡胶弹性元件越来越多，悬架导向机构的联接部件、减振器联接处以及悬架与副车架之间都装有橡胶减振元件，几乎把车轮与车身之间用橡胶件“隔离开来”。橡胶件的使用之所以如此广泛，是由于橡胶的弹性模量比金属的小，隔振减振效果显著，能更好地吸收振动和冲击能量，兼有弹簧和阻尼两种作用，而且橡胶件的形状不受限制，各方向的刚度可在一定范围内自由选择，变更起来也比较容易，能承受更多的载荷。

考虑导向机构与车身连接处采用的橡胶减振元件，前悬架空气弹簧上盖板与车架之间的万向节铰链改为橡胶衬套弹性铰链，上、下横臂与车架之间的两个转动铰链改为橡胶衬套弹性铰链，上、下横臂与摆臂之间的万向节铰链与球铰代替以橡胶衬套，则多刚体前悬架模型成为包含弹性体的刚弹耦合模型。

实际使用中，橡胶元件的动态特性大多通过试验获得，对于大变形情况下的橡胶元件特性，在试验时一般有特殊的要求。一般情况下，可以认为橡胶元件的动态特性是在线性范围内工作。然而，在一些特殊情况下，需要考虑橡胶元件的非线性特性，本书在应用过程中，采用线性特性参数。表3-6列出了前悬架5处橡胶弹性衬套的刚度。需要说明的是，橡胶元件的各向刚度特性是不尽相同的，由于本书悬架中采用的橡胶元件形状比较规则，各向刚度相差不大，所以模型中径向及轴向刚度采用同一数值。低地板城市客车虚拟样机考虑多处橡胶衬套，其刚度参数的计算以空气弹簧上盖板与车架连接处的橡胶衬套的刚度的确定为例进行说明，其在23℃下的刚度特性曲线如图3-6所示。

图中两条虚线包围的部分是橡胶衬套许用刚度范围，中间的曲线为推荐应用刚度。根据实际装车中预紧力是4 900 N，可以看到，橡胶衬套在预紧力的作用下，其刚度基本为线性刚度。则通过近似计算

$$k_a=\frac{14\,500-3\,900}{35-20}=706\ \text{N/mm} \tag{3-41}$$

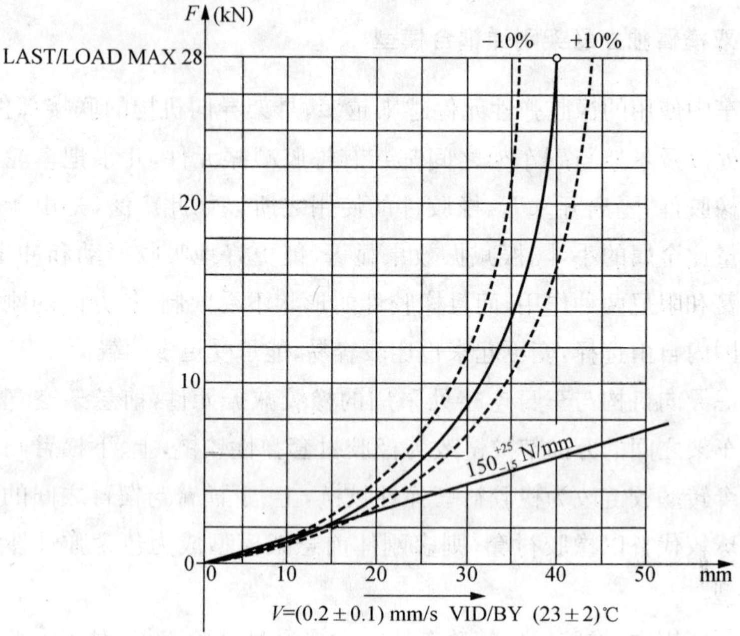

图 3-6 空气弹簧与车架间橡胶衬套刚度特性曲线

与车辆实际使用刚度 710 N/mm 基本接近。在仿真计算中，取 k_a = 706 N/mm。弹性橡胶衬套的刚度是非线性的，其在仿真研究中线性刚度的选择极大的依赖于装配时衬套的预紧力，即使是同一个衬套，在不同的预紧力作用下，其表现出来的动力学特性也是不同的。

表 3-3 前悬架采用的弹性衬套刚度

连接的刚体	刚度(N/mm)
空气弹簧上盖板与车架	706
上、下横臂与车架	2 830
上、下横臂与摆臂	2 540

3.3　独立悬架运动学分析

为保证汽车稳定的直线行驶，应使转向轮具有自动回正作用，这种自动回正作用是由转向轮定位参数来保证实现的。这些定位参数有：主销后倾角、主销内倾角、前轮外倾角和前轮前束。使用 GCD-1 型光束水准车轮定位仪，如图 3-7 所示，对 SWB6125 型城市客车前轮定位参数进行测量，测量结果见表 3-4。

表 3-4　低地板城市客车前轮定位参数数据

参数名称	左前轮	右前轮
	测量数据	测量数据
车轮外倾(°)	0.75	0.75
主销后倾(°)	2.0	2.0
主销内倾(°)	5.75	5.75
车轮前束(mm)	0	0

图 3-7　GCD-1 型光束水准车轮定位仪

利用所建立的前悬架多刚体模型和刚弹耦合模型，进行了车轮上下跳动 50 mm 时，前轮定位参数的变化规律分析。在不同的载荷下，前轮定位参数变化的值是不同的，但其随车轮跳动的变化规律是基本相同的。

从图 3-8 中可以看出，车轮外倾角在车轮相对车身上跳时减小，下落时增加，减少量最大不超过 1°。这种运动趋势，被许多现代车辆所采用。一般认为车轮在汽车行驶时垂直于路面为最佳，这样轮胎的磨损比较均匀，既能充分发挥车轮的附着性能又能获得良好的轮胎转弯特性。对于独立悬架来说，完全作到这点是很困难的，所以考虑到车轮支承刚度、转向节间隙的补偿以及路面的拱形等因素，一般取正值外倾角。在转弯情况下，外侧车轮载荷急剧增加，为主要矛盾，在采用如图 3-8 所示的趋势后，由于车身向外的侧倾方向恰好与车轮外倾变化方向相反，真正的车轮相对地面的外倾角变化不大，也就是说内外车轮仍近似垂直于地面。悬架衬套弹性使车轮外倾角减小，变化量降低，变化趋势也符合预定的要求，更加有利于汽车的操纵稳定性。

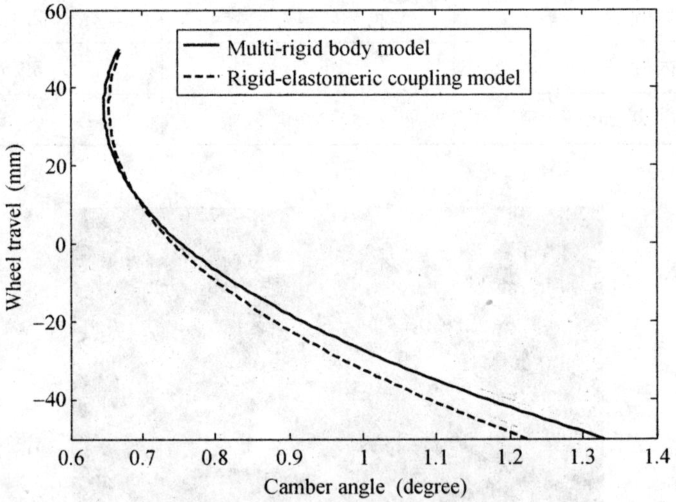

图 3-8　车辆上下跳动车轮外倾角的变化

主销后倾的变化较小，悬架衬套的弹性降低了其变化幅值，如图 3-9 所示。一般认为主销后倾所产生的后倾拖距可增加汽车直线行驶稳定性。当主销具有后倾角时，主销轴线与路面交点将位于车轮与路面接触点的前面。

汽车直线行驶时，若转向轮偶然受到外力作用而稍有偏转，由于汽车本身离心力的作用，在车轮与路面接触点处，路面对车轮作用着一个侧向反作用力。反作用力对车轮形成绕主销轴线作用的反力矩，其方向正好与车轮偏转方向相反。在此力矩作用下，将使车轮回复到原来中间的位置，从而保证了汽车稳定的直线行驶。主销后倾角的设计应保证车轮具有合适的回正力矩，当车轮随载荷变化而发生跳动时，如果后倾角出现大的变化，则回正力矩将出现过大或过小的现象，使汽车的操纵稳定性恶化。

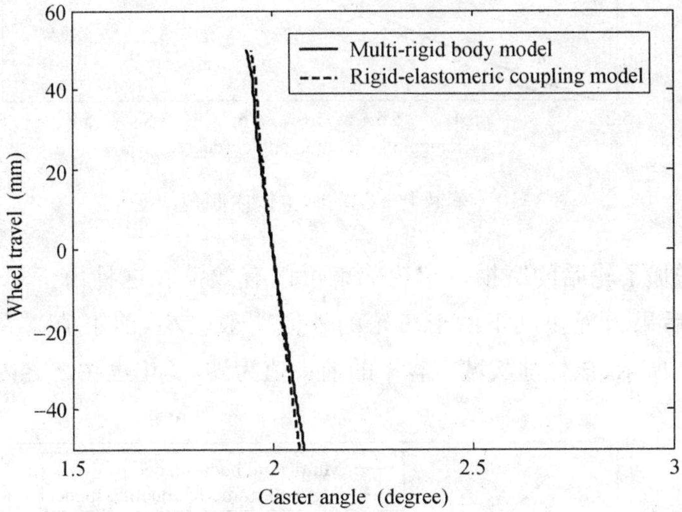

图 3-9　车辆上下跳动时主销后倾角的变化

主销内倾角的主要作用是获得一定的主销偏移距，从而产生回正作用。但是主销内倾角不宜过大，否则在转向时，车轮绕主销偏转的过程中，轮胎与路面间将产生较大的滑动，增加轮胎与路面间的摩擦，故内倾角一般不大于 8°。如图 3-10 所示，主销内倾角在车轮上跳时有所增加，下落时减小，变化幅值不超过 1°，橡胶弹性元件对其变化的影响较小。

初始前束值的确定主要考虑纵向力引起的车轮偏转。车轮有了外倾角后，在滚动时类似于滚锥，导致两侧车轮有向外滚开的趋势。由于转向横拉杆和车桥的约束，车轮不可能向外滚开，车轮将在路面上出现边滚边滑的现

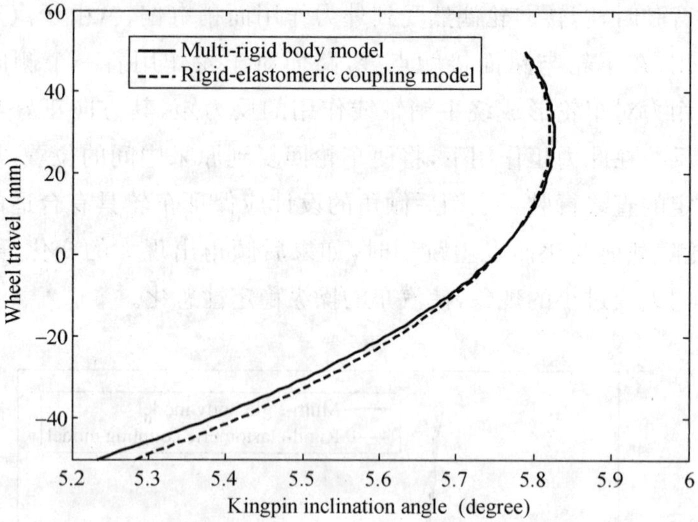

图 3-10　车辆上下跳动时主销内倾角的变化

象，从而增加了轮胎的磨损。车轮前束可以有效消除这种由于车轮外倾引起的不良后果。现在汽车由于车轮的外倾一般较小，前束值 0°左右较多。如图 3-11 所示，该低地板城市客车的前束值为零，变化也在 2°之内。

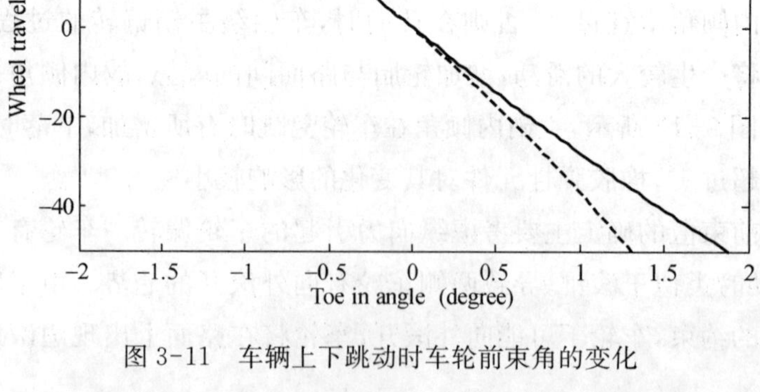

图 3-11　车辆上下跳动时车轮前束角的变化

橡胶弹性元件的使用，不仅起到减振的作用，而且对操纵稳定性产生重大的影响。通过对双横臂独立悬架转向轮定位参数变化趋势的分析，可以看出橡胶弹性件的使用使得定位参数向有利于操纵稳定性的趋势发展。因此在悬架控制臂铰链中采用橡胶衬套，可以同时改善汽车的行驶安全性和乘坐舒适性。

3.4　双横臂独立悬架动刚度特性研究

以空气弹簧为弹性元件的双横臂独立悬架是目前低地板城市客车中广泛使用的悬架之一，这种悬架的刚度取决于空气弹簧的刚度和双横臂的结构参数及布置形式。空气弹簧本身具有很强的非线性刚度特性，而且双横臂独立悬架是比较复杂的空间结构，因此对空气悬架进行刚度分析有一定的难度。在本书的上一节中，已对双横臂悬架的空间结构进行了研究，下面对空气弹簧的刚度特性进行分析。

3.4.1　空气弹簧刚度特性

低地板城市客车前悬架采用 Firestone 公司的 1T15M-4 型空气弹簧，设计高度为 12.5 英寸，图 3-12 为该空气弹簧的非线性负载与弹簧高度之间的关系曲线[128]，以及空气弹簧的有效体积与高度之间的关系曲线。

低地板城市客车空气弹簧的充气压力均 5.51 个大气压(约为 80 Psig)，在悬架中的安装空间应保证其设计高度。空气弹簧受到其高度控制机构的作用，本身具有一定的压力调整功能，按照国标的要求，试验和仿真都是在满载工况下进行的，负载比较固定，空气弹簧本身的固有振动频率也保持在一个较低的水平，一般在 1.2 Hz 左右，所以空气悬架的内部压力不会发生急剧的变化。图中灰色的部分是不推荐使用的区域。从图中还可以看出，空气弹簧的有效体积随空气弹簧的高度的不同而变化，在许用高度范围内，其趋势基本为线性的，而且基本不受弹簧内压力的影响。

表 3-5 所示是前悬架空气弹簧在不同充气压力下的一组弹力-位移数据(气体绝热指数取 1.30)。从表中数据不难发现，某一气压下空气弹簧的

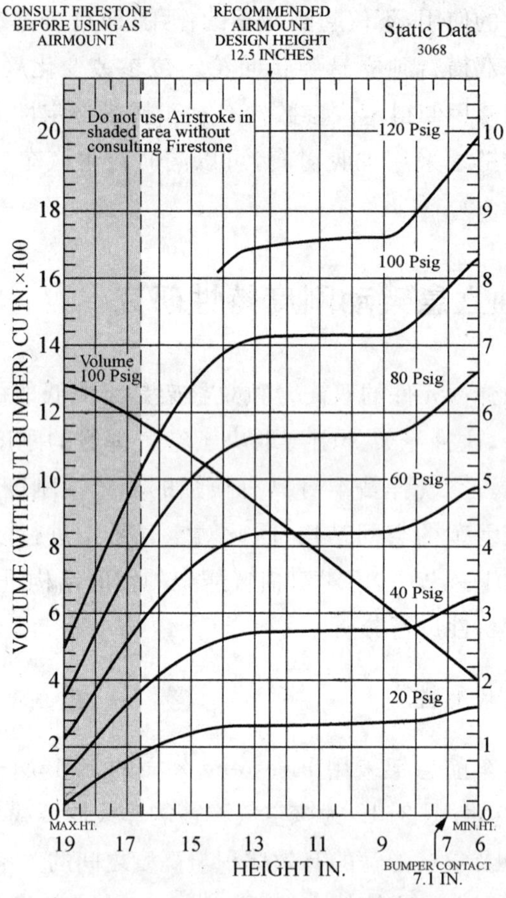

图 3-12 前悬架空气弹簧弹性特性曲线

绝对弹力总是正值，即方向总是向上，但对于静平衡位置的力 F_0 来说，却有正有负，即空气弹簧在静平衡位置以下（称压缩）位移时弹力为正，方向向上；在静平衡位置以上（称拉伸）位移时弹力为负，方向向下。

空气弹簧力与变形的函数关系式可以通过曲线的拟合或分段拟合求得。拟合的方法有多种多样，如多项式曲线拟合、正交多项式曲线拟合、切比雪夫曲线拟合、高斯牛顿法和麦夸脱算法等曲线拟合法，本书采用的是最小二乘法意义下的多项式拟合法。

在图 3-12 的一条曲线上取 n 个点（f_i，ΔF_i），$i=1, 2, \cdots, n$。取点的

原则为：除了选取静平衡位置左右的一般点外，还要尽量选取曲线上的特征点如静平衡位置点、拐点、极值点和两端点等等。由这 n 个点可以构造一个 k' 次多项式：

$$\Delta F(f)=\sum_{j=1}^{k'+1} a_j f^{i-1} \quad (k'+1<n) \tag{3-42}$$

使得 $\sigma=\sum_{i=1}^{n}\left[\Delta F(f_i)-\Delta F_i\right]^2$ 取得极小值。

根据取得极值的条件 $\frac{\partial \delta}{\partial a_j}=0$，确定多项式 $\Delta F(f)$ 的系数 a_j，$j=1, 2, \cdots, k'+1$ 可归结为求解以下方程组：

$$\sum_{j=1}^{k'+1} a_j \sum_{i=1}^{n+1} f_i^{m'+j-1}=T'_m \quad m'=0, 1, 2, \cdots, k' \tag{3-43}$$

式中，$T_m{}'=\sum_{i=1}^{n} \Delta F_i f^{m'}{}_i$。

设定最小二乘法的最高阶次 $m=5$，通过求解方程，得到对应于表 3-5 中空气弹簧弹力数据的最小二乘法系数如表 3-6 所示。

表 3-5　前悬架空气弹簧的相对弹力与高度数据

气压 4.1×10^5 Pa (60 Psig)		气压 5.5×10^5 Pa (80 Psig)		气压 6.89×10^5 Pa (100 Psig)	
空气弹簧高度(inch)	空气弹簧力(LBS×1 000)	空气弹簧高度(inch)	空气弹簧力(LBS×1 000)	空气弹簧高度(inch)	空气弹簧力(LBS×1 000)
6.0	4.9	6.0	6.6	6.0	8.25
6.5	4.78	6.5	6.5	6.5	8.1
7.0	4.65	7.0	6.2	7.0	7.85
7.5	4.5	7.5	6.05	7.5	7.58
8.0	4.39	8.0	5.8	8.0	7.4
8.5	4.29	8.5	5.75	8.5	7.27
9.0	4.28	9.0	5.725	9.0	7.26
9.5	4.27	9.5	5.7	9.5	7.25

（续表）

气压 4.1×10^5 Pa (60 Psig)		气压 5.5×10^5 Pa (80 Psig)		气压 6.89×10^5 Pa (100 Psig)	
空气弹簧高度(inch)	空气弹簧力(LBS×1 000)	空气弹簧高度(inch)	空气弹簧力(LBS×1 000)	空气弹簧高度(inch)	空气弹簧力(LBS×1 000)
10.0	4.26	10.0	5.695	10.0	7.24
10.5	4.25	10.5	5.69	10.5	7.23
11.0	4.24	11.0	5.685	11.0	7.22
11.5	4.23	11.5	5.68	11.5	7.21
12.0	4.22	12.0	5.675	12.0	7.19
12.5	4.21	12.5	5.67	12.5	7.18
13.0	4.19	13.0	5.6	13.0	7.15
13.5	4.1	13.5	5.55	13.5	7.0
14.0	4.0	14.0	5.4	14.0	6.81
14.5	3.8	14.5	5.2	14.5	6.6
15.0	3.65	15.0	5.0	15.0	6.4
15.5	3.4	15.5	4.7	15.5	6.0
16.0	3.2	16.0	4.4	16.0	5.6
16.5	2.8	16.5	3.9	16.5	5.18
设计高度：12.5 inch 绝对弹力：4 200 LBS		设计高度：12.5 inch 绝对弹力：5 670 LBS		设计高度：12.5 inch 绝对弹力：7 180 LBS	

表 3-6　最小二乘法拟合系数

气压 60 Psig	气压 80 Psig	气压 100 Psig
4 阶最小二乘法系数	4 阶最小二乘法系数	4 阶最小二乘法系数
57.265	78.88	94.6164
−0.4312	−0.588	−0.6833
0.0016	0.0022	0.0025
−1.926e-6	−2.6453e-6	−3.0613e-6

使用该系数计算得到的空气弹簧弹力-位移曲线如图 3-13 所示，图中实线表示的是原数据，虚线为拟合数据，从图中可以看出，二者拟合的非常好。

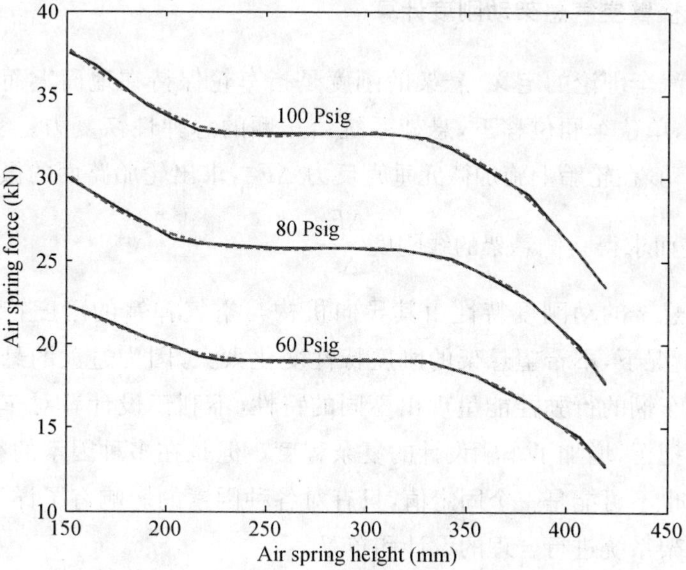

图 3-13　前悬架空气弹簧弹性特性曲线

通过最小二乘法拟合得到空气弹簧的非线性弹力模型，是在 Matlab/Simulink 环境下编译的，需要将其嵌入到虚拟样机多体动力学分析模型中。利用 ADAMS 软件与 Matlab/Simulink 软件之间的接口程序，将在 ADAMS 平台上建立的多体动力学分析模型作为 Matlab/Simulink 的一个子模块，建立空气弹簧弹力模型与多体模型的实时联接，主要经过以下几个步骤。

首先在多体模型中定义与空气弹簧对应的输入输出。本书中，从多体模型中输出的为空气悬架的动行程，前后悬架共四个；输入为空气弹簧的弹力，同样有四个。输入输出设定后，在 ADAMS/Control 模块中运行宏命令，生成包含多体动力学模型信息的 Matlab 文件。

在 Matlab/Simulink 环境下建立模型之间的联接。在 Matlab 命令菜单中，运行 ADAMS_SYS 宏命令，调入多体动力学模型的基本信息和输入输出信息；建立弹簧模型与多体模型输入输出之间的联接。

需要指出的是，在 Matlab 与 ADAMS 之间进行的联合仿真是实时的，运行时的每一步仿真都要在模型之间进行相应的数据交换与计算。

3.4.2 双横臂空气悬架动刚度计算

按照汽车理论的定义，悬架的刚度是指车轮保持在地面上而车厢作垂直运动时，单位车厢位移下，悬架系统给车厢的总弹性恢复力。实际上，常设车厢不动，在轮胎上施加微元垂直反力 ΔF_z，求出轮胎路面的微元垂直位移 Δs_t，进而求得一侧悬架的线刚度 $\dfrac{\Delta F_z}{\Delta s_t}$。

空气悬架的动刚度特性由其导向机构与空气弹簧的刚度特性共同决定，一般情况下，不希望悬架的刚度特性变化太大，因为过大的悬架刚度变化会导致车辆的行驶性能呈现出不同的特性，不利于设计者对车辆行驶性能的总体把握，增加了车辆设计的复杂程度。但是在多种因素的影响下，悬架的刚度也不可能是一个固定值，只有对各种因素的影响有了详细的了解，才能对悬架系统进行合理的设计和布置。

利用前文所建立的前悬架多体动力学模型，在车轮垂直方向上运动时，应用多体动力学理论分析轮胎与地面间作用力，进而计算出系统刚度随车轮跳动行程的变化关系。为了分析悬架刚度在不同车轮跳动行程下的变化规律，采用以下方法，给若干个离散的车轮的位移值，将它们作为求解动力学方程的初始条件，对应每一个位移，车轮有一个新的位置，在每一个位置，对车轮施加一个向上的微元力，计算此时车轮在垂直方向的微元位移，从而计算出对应于此车轮行程的悬架系统刚度。

计算得到的空气悬架动态刚度如图 3-14 所示，为方便看出悬架导向机构对悬架刚度的影响，首先将空气弹簧的刚度设定为一定值，观察悬架刚度的变化规律，如图中实线曲线所示。由于双横臂独立悬架导向机构的复杂的空间变化，即使在固定主弹簧刚度下，悬架的动态刚度也不是一个定值，而呈非线性的变化趋势。当考虑空气弹簧的非线性刚度特性时，悬架动刚度的变化在轮胎向上抬起时有所增加，轮胎下降时有所降低，这种变化趋势与空气弹簧的刚度变化特性有关。如前一节所示，空气弹簧的刚度在压缩时增加，伸张时降低，且在一定的变形范围内刚度的变化量不大，反映到空气悬架的动刚度特性上则如图 3-14 中虚曲线所示。

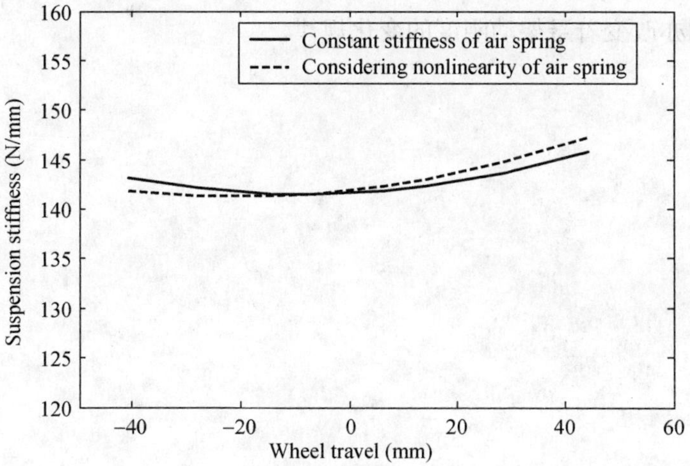

图 3-14　独立空气悬架刚度特性曲线

3.5　小结

本章在多体系统动力学理论的基础上，建立了双横臂独立空气悬架的多刚体运动学、动力学分析模型和刚弹耦合多体动力学模型，并用最小二乘法对空气弹簧的非线性负载特性进行了拟合，通过 ADAMS/Control 模块综合到多体动力学模型中。

悬架系统的运动学特性对车辆的使用性能有很大的影响，运动学参数的变化规律不但受悬架结构型式、导向机构布置方式的影响，而且受到现代悬架系统中广泛使用的橡胶弹性元件的影响。利用所建立的多体运动学模型，分析了车轮垂直运动时悬架的运动学参数的变化规律，对橡胶弹性衬套对运动学参数的影响进行了探讨。橡胶弹性元件的使用改变了悬架系统的刚度，影响运动学参数的变化规律，低地板城市客车前悬架橡胶弹性元件的使用使悬架的运动学特性变化规律向有利于操纵稳定性的方向变化。

双横臂独立空气悬架的刚度不仅取决于空气弹簧的非线性刚度特性，而且受到悬架导向机构空间结构的影响。独立悬架的空间运动使得悬架的动态刚度即使在主簧刚度固定的情况下，仍呈非线性变化状态，空气弹簧刚度的变化亦改变着悬架动刚度的变化规律。

第4章　城市客车操稳性与平顺性仿真及试验研究

机械系统分析软件ADAMS使用交互式图形环境和部件库、约束库和力库，用堆积木方法建立三维机械系统参数化模型并通过对其运动性能的仿真分析和比较来研究问题，因此在ADAMS环境下建立的车辆系统虚拟样机具有很好的可视化，直观和模拟实际物理实体形象。利用ADAMS软件对低地板城市客车的整车系统进行虚拟样机开发和动态仿真试验，在第3章双横臂独立空气悬架的多体动力学模型的基础上，建立了包括门氏非独立后空气悬架分析模型的整车动力学虚拟样机，考虑了空气弹簧刚度特性的非线性，空气悬架导向机构的橡胶衬套的弹性刚度和阻尼，以及横向稳定杆和后空气悬架导向机构杆系的柔体动力学模型等。

在ADAMS环境下的参数化动态仿真试验，主要根据低地板城市大客车的实车试验的工况，测定整车性能特性参数，将得到的试验数据以一定的参数化形式输入ADAMS环境下的整车系统虚拟样机，进行参数化动态仿真，将仿真得到的结果和试验结果对比，进行模型的验证和整车性能分析。

低地板城市客车的实车性能试验内容主要集中在平顺性和操纵稳定性，按照国家车辆试验标准，在襄樊国家汽车实验场进行了稳态操纵稳定性、瞬态操纵稳定性以及随机路面和三角脉冲路面的舒适性试验，为整车虚拟样机的开发提供了参考数据和有力论证。

低地板城市客车整车多自由度虚拟样机模型在开发过程中，遵循以下假设：

（1）簧载质量看作一个刚体，具有六个自由度；

（2）多刚体模型的整车零部件中，除了弹性元件、橡胶元件外，剩余部件全部认为是刚体，在仿真中不考虑其变形；

（3）对于刚体之间的连接柔性作适当的简化，用线性弹性橡胶衬套来模拟实际工况下的动力学特性；

(4) 为建模方便,车辆坐标系的原点定义在前轴中心线与车辆纵向中心面的交点,各子系统使用统一的坐标系。

应用多体理论建立包括柔体及弹性橡胶元件的多体动力学模型是整车动力学仿真模型精细化的重要内容,是提高模型精度的有效途径。整车多体模型的建立遵循了由简到繁,逐步细化、完善的过程,从最初的15自由度多刚体模型发展到后来的59自由度刚柔耦合模型。模型自由度的增加一方面是由于组成系统的刚体数目的增加,另一方面是由于将一些理想约束用力元约束(弹性衬套)代替而释放了若干自由度。

4.1 低地板城市客车整车虚拟样机开发

4.1.1 后悬架多体仿真模型

大客车后驱动桥为非独立悬架,安装有四个空气弹簧3,7,11和14,分

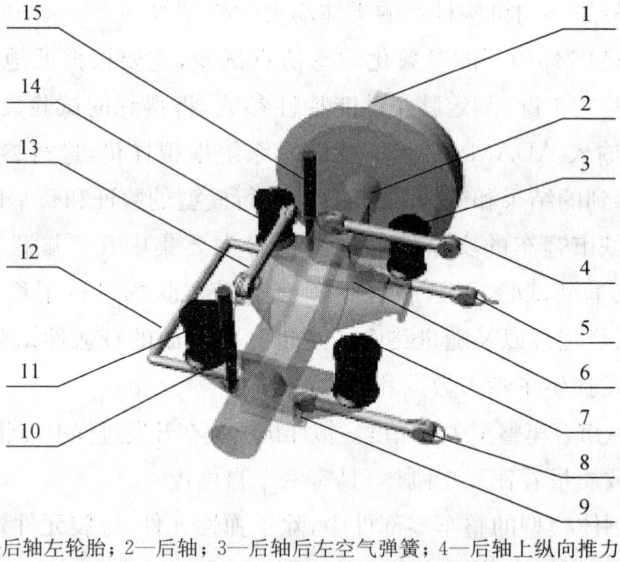

1—后轴左轮胎;2—后轴;3—后轴后左空气弹簧;4—后轴上纵向推力杆;
5—后轴下左纵向推力杆;6—后左空气弹簧托架;7—后轴后右空气弹簧;
8—后轴下右纵向推力杆;9—后右空气弹簧托架;10—后轴右减振器;11—后轴前右空气弹簧;
12—横向稳定杆;13—后轴上横向推力杆;14—后轴前左空气弹簧;15—后轴左减震器

图 4-1 后悬架数值仿真模型

布在后轴前后，空气弹簧上盖板与车架以橡胶衬套相连，在多体模型中简化为万向节铰链，底座分别与空气弹簧托架6和9固连，弹簧托架则通过骑马螺栓与驱动桥壳(即后轴2)固定在一起。驱动桥壳通过三纵一横四根推力杆组成的导向机构与车架相接，推力杆4，5，8和13的两端用于连接的带有橡胶衬套的销子则一端简化为球铰链，一端简化为万向节铰链。减振器10和15安装在空气弹簧托架与车架之间，简化为阻尼弹簧，不引入约束。横向稳定杆12的两端与车桥固接，中间与通过两个带有橡胶衬套的圆柱铰链与车架相连。

后悬架为驱动桥，且负载较大，因此设有横向稳定杆12，以加强其抗侧倾能力，后空气悬架导向机构由三纵一横四根推力杆组成，负责驱动桥与车架之间的连接，横行稳定杆和推力杆柔体模型建立详见第2章。

4.1.2　轮胎模型

轮胎模型是车辆建模中十分重要的一个方面，车辆动力学仿真的准确性在很大程度上取决于轮胎模型的好坏。ADAMS/View提供了五种轮胎模型，可以分为两类：理论轮胎模型，包括Fiala Tire，University of Arizona (UA) Tire；实验型轮胎模型，包括Interpolation-and-Point-Follower Tire，Smithers Tire，DELFT Tire。

本书采用由Nikaraves和Gim提出的UA轮胎模型，它以Bergmen的三维弹簧模型为基础推导得到，即轮胎是由一系列可三维形变的弹性单元组成，每单元可简化为相互垂直的三维弹簧以传递纵向力、径向力和侧向力。通过轮胎与地面相互作用的微元求解动力学方程，推导出纯工况和联合工况下的轮胎力学特性。该模型对全工况滑移具有较好的仿真精度，可以满足本书的操纵稳定性仿真分析的需要。它的主要特性参数有：侧偏刚度、外倾刚度、垂向刚度、纵向刚度、滚阻力矩系数及垂向阻尼系数等，参见表4-1。后悬架左右两侧均为双胎，刚度系数均取正常值两倍，比实际双胎的刚度稍大。特别说明，轮胎参数并不是试验数据，而是参考同类型车辆的数据。

表 4-1 轮胎参数

车轮自由半径	500 mm	轮胎截面半径	205 mm
侧偏刚度	9.5×10^4 N/rad	外倾刚度	8.4×10^4 N/rad
径向刚度	2 335 N/mm	纵向滑移刚度	7.689×10^4 N/slip
滚阻力矩系数	2.6 mm	径向阻尼系数	0.75

轮胎坐标系采用SAE标准坐标系。对于路面文件，操纵稳定性仿真工况采用平滑路面，各轮胎接触的路面特性相同；平顺性仿真工况，采用三角形路面输入和随机路面输入，各轮胎接触的路面特性按实际工况而不同。

UA轮胎模型计算公式如下：

(1) 轮胎垂直力

忽略轮胎的阻尼，轮胎垂直力可由下式计算：

$$F_z = C_z\delta \tag{4-1}$$

(2) 轮胎纵向力：

轮胎纵向力可表示如下

$$F_x = \begin{cases} -C_s S & |S| < |S^*| \\ -(F_{x1} - F_{x2}) \times \mathrm{sign}(1, S) & |S| > |S^*| \end{cases} \tag{4-2}$$

式中，纵向滑移率 $S=\frac{V_c}{\mu}$，摩擦系数 $\mu=\mu_0+(\mu_1-\mu_0)S$，μ_0 为道路最大摩擦(附着)系数，μ_1 为车轮滑动时道路摩擦系数，$S^*=\left|\frac{\mu F_z}{2C_s}\right|$，纵向刚度 $C_s=$ 56 890，$F_{x1}=\mu\times|F_z|$，$F_{x2}=\frac{(\mu\times F_z)^2}{(4\times|S|\times C_s)}$。

(3) 轮胎侧偏力和自回正力矩

轮胎侧偏力与自回正力矩分别表示为

$$\begin{cases} F_y = K_y a \\ T_z = K_y a D_x \end{cases} \tag{4-3}$$

式中 $a=\frac{\dot{Y}}{V_x}$，并代入式(4-3)，可进一步表达为

$$\begin{cases} F_y=\frac{K_y}{V_x}\dot{Y} \\ T_z=\frac{K_y}{V_x}\dot{Y}D_x \end{cases} \tag{4-4}$$

式中　K_y—— 轮胎侧偏刚度；

D_x—— 轮胎拖矩；

V_x—— 纵向滚动速度；

$\dot{Y}$——横向偏移速度。

4.1.3　整车多刚体系统虚拟样机

各子系统模型建立后，定义它们的空间位置，将它们装配在一起，即可得到整车多体动力学分析模型。

多刚体系统动力学分析模型包括前、后悬架多刚体模型，转向系模型和简化为扭簧的横向稳定杆模型，如图 4-2 所示。该模型有 36 个运动部件，54 个各种约束铰链，每种铰链对物体自由度的约束及模型中所包含的数目见表 4-2，整个多刚体系统共有约束方程：

$$6\times3+9\times5+4\times5+2\times4+14\times3+18\times4=201 \tag{4-5}$$

则系统自由度为

$$6\times36-201=15 \tag{4-6}$$

图 4-2　整车多刚体系统数值仿真模型

整车模型自由度分配如下，车身具有 6 个自由度，前悬架有 5 个自由度，后悬架有 4 个自由度。

表 4-2　模型中铰链的数量及约束自由度

铰链名称	铰链约束的自由度		模型中铰链数量
	平动	转动	
固定铰链	3	3	3
转动铰链	3	2	9
平动铰链	2	3	4
圆柱铰链	2	2	2
球铰链	3	0	14
万向节铰链	3	1	18

4.1.4　整车刚弹耦合动力学模型

整车多柔体动力学分析模型除包含多刚体模型的基本内容外，还包括横向稳定杆的柔体模型，后悬架导向机构杆系的柔体模型，柔体部件的模态分析结果详见第 2 章。由于刚、柔性部件模型的耦合采用模态综合法，柔体部件的增加没有改变整车系统模型的自由度。

考虑导向机构与车身连接处采用的橡胶减振元件，前悬架空气弹簧上盖板与车架之间的万向节铰链改为橡胶衬套弹性铰链，上、下横臂与车架之间的两个转动铰链改为橡胶衬套弹性铰链，后悬架导向机构的三根上下纵向推力杆和一根横向推力杆与车架铰接处的理想万向节改为橡胶衬套。本书采用的弹性橡胶衬套的刚度如表 4-3 所示。

刚弹耦合多柔体模型的自由度增加到 59，包括以弹性橡胶衬套取代前悬架空气弹簧上盖板处万向节刚性铰链而释放的 4 个自由度，左右两侧共 8 个，上、下摆臂处橡胶衬套代替转动铰链释放的各 5 个自由度，左右两侧共 20 个，后悬架 4 个万向节改为橡胶衬套后释放出 16 个自由度。

表 4-3　悬架与车架之间的弹性衬套刚度

连接的刚体	径向刚度(N/mm)	轴向刚度(N/mm)
空气弹簧上盖板与车架	706	706
前悬架上摆臂与车架	2 830	2 830
前悬架下摆臂与车架	2 540	2 540
后悬架导向杆系与车架	2 250	2 250

4.2　虚拟样机参数准备

在建立汽车系统仿真模型工作中，可将模型参数按类型分为运动学(几何定位)参数、质量参数(质量、质心和转动惯量等)、力学特性参数(刚度、阻尼等)与外界参数(道路、风力等)四类。传统上获取这些系统参数的方法主要是图纸查阅法和试验法。其中，运动学参数是通过图纸查阅法获取的，一般运动学参数在汽车系统的设计图纸中可以查得，如前悬架总成图就包括了分析前悬架运动特性的几乎所有参数；质量特性参数中质量一般可在设计图纸中查取，而运动部件的质心、转动惯量等参数则一般通过试验的方法获得；力学特性参数和外界参数主要通过试验法获取，力学特性参数中刚度、阻尼等特性一般可在设计图纸中查得，而轮胎、橡胶元件等动态特性参数则一般必须通过试验获得；外界参数中如道路谱主要通过试验测量获得，而风力因数则在分析计算的基础上结合试验获得。

基于多体系统动力学理论建立汽车系统仿真模型则对参数的获取尤其是质量特性参数的获取提出了新的要求，主要体现在：

(1) 模型参数的描述由传统方法的数值描述转变为三维实体描述，即由“数”转变为“形”。

(2) 对于汽车系统而言，系统本身及其零部件的质量、质心、转动惯量等决定了系统本身及其零部件的动力学特性。而在多体动力学中关注的只是多体意义上的运动部件的质量、质心和转动惯量。在多体动力学中，只要在运动过程中时刻具有相同运动轨迹，并具有特定联系方法（如通过螺栓连接等）固定在一起的零部件就是一个运动部件，如制动盘（鼓）与车轮即是一个运动部件。一个运动部件应只有一个共同的质心与转动惯量。

（3）质量特性参数的测量与测量时选取的参考坐标系有关，故必须方便的获取在各指定参考坐标系中各运动部件的参数值。

（4）精度要求更高，CAD技术的发展提供了与基于多体系统动力学理论建立汽车系统仿真模型相匹配的参数提取方法。在目前市场上居于领先地位的三维实体建模CAD软件中，CATIA、I-DEAS、UG和Pro/Engineer四种软件都具有在指定参考坐标系中测量及分析由汽车系统各零部件及其总成组成的运动部件的质心及转动惯量的功能。

4.2.1 运动学参数

应用多体系统动力学理论建立悬架运动学模型，需要根据悬架的结构形式，在模型中输入悬架各运动部件之间的安装连接位置与相对角度、车轮定位角参数等。这些参数决定了各运动部件的空间运动关系，如前轮上下跳动时的主销内倾、后倾，前轮外倾、前束的变化，后悬架轮心的上下跳动轨迹等。

运动学参数一般可以在汽车的设计图纸中查得。应该注意的是各部件的相对连接位置，应在统一的整车参考坐标系中测量和取得，以保证各子系统可以方便的组装。表4-4列出了二分之一双横臂独立前悬架的主要定位点参数，表4-5列出了非独立后悬架主要定位点参数。

表4-4　1/2前悬架主要定位点坐标

位置	坐标		
	X(mm)	*Y*(mm)	*Z*(mm)
下横臂与车架前铰接点	−32.0	222.0	−220.0
下横臂与车架后铰接点	484.0	222.0	−220.0
下横臂与摆臂铰接点	0.0	722.0	−250.0
上横臂与车架前铰接点	−78.0	536.0	338.0

（续表）

位置	坐标		
	X(mm)	Y(mm)	Z(mm)
上横臂与车架后铰接点	78.0	536.0	338.0
上横臂与摆臂铰接点	0.0	792.0	338.0
车轮中心点	0.0	1 042.0	0.0
空气弹簧与车架连接点	0.0	680.0	658.0

表 4-5　后悬架导向机构定位点

位置	坐标		
	X(mm)	Y(mm)	Z(mm)
上纵向推力杆与车架前铰接点	5 970.0	187.0	265.0
上纵向推力杆与车架后铰接点	6 500.0	187.0	265.0
上横向推力杆与车架右铰接点	5 744.0	187.0	265.0
上横向推力杆与车架左铰接点	5 744.0	−343.0	265.0
下右纵向推力杆与车架后铰接点	6 580.0	450.0	−250.0
下右纵向推力杆与车架前铰接点	6 050.0	450.0	−250.0
下左纵向推力杆与车架后铰接点	6 580.0	−450.0	−250.0
下左纵向推力杆与车架前铰接点	6 050.0	−450.0	−250.0
右侧车轮中心位置	5 920.0	935.0	0.0

4.2.2　质量特性参数

在机械振动系统中，系统本身的质量、质心、转动惯量等决定了系统的特性。在通常情况下，质量特性参数由各个运动部件的质量、质心、转动惯量等参数组成，其中质心、转动惯量等与测量时选取的参考坐标有关，要注意参考坐标系的选择。

运动部件的质心与转动惯量的参数,可以通过称重、计算、实验等方法获得。同时,CAD技术的发展,提供了测量运动部件质心与转动惯量的新方法。在目前市场领先的三维实体建模CAD软件中,CATIA、SDRC I-DEAS、Unigraphic、Pro/Engineer四种软件都具有在制定参考坐标系中分析零部件及零部件总成的质心与转动惯量的功能。

本书对前悬架、后悬架、转向系、车架、空气弹簧、推力杆、发动机、传动轴以及控制臂等部件进行了三维实体建模,并按其制造原材料定义了各实体模型的密度,相应即可获取各部件在各指定参考坐标系中的质心和转动惯量参数值。其中前悬架、后桥、转向系、车架的三维实体模型如图4-3至图4-6所示。随后转存为ADAMS软件可直接调用的Parasolid格式数据文件,此时,各特征参数已保存在数据文件中并可随数据文件的调入而自动调入。整车质量参数通过输入得到,因为在目前所建立的多体模型中不可能包含实际车辆系统中所有的部件,只能考虑大致的质量分布,精确的质量参数要在部分部件CAD模型的基础上,通过人工调试获得。整车质量参数如表4-6所示。

表4-6　整车质量参数

整车装备质量	11 625 kg	最大满载质量	17 500 kg
前轴满载载荷	6 500 kg	后轴满载载荷	11 000 kg

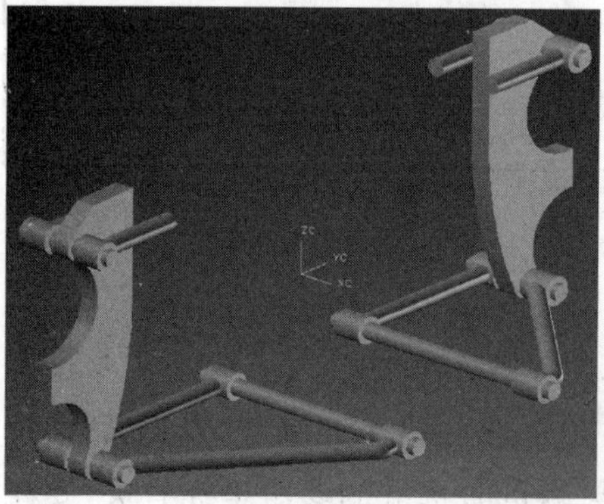

图4-3　双横臂独立悬架CAD造型

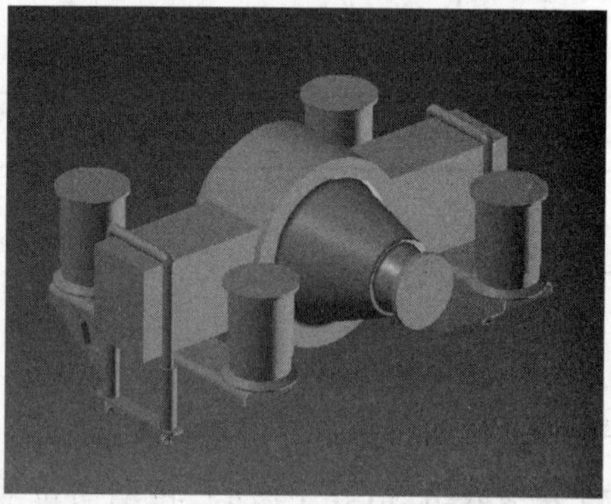

图4-4　后非独立悬架CAD造型

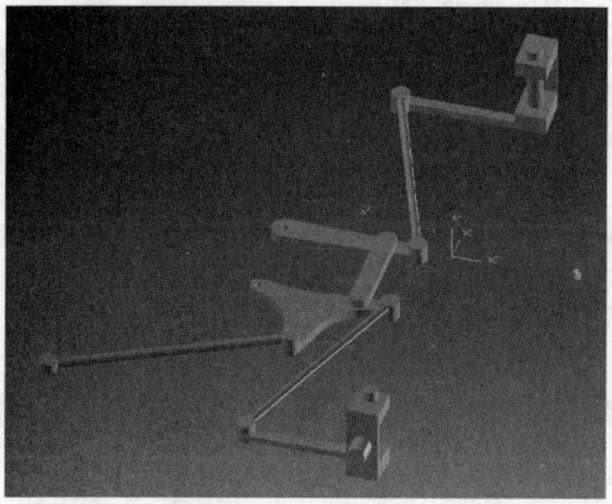

图 4-5　转向系杆件结构

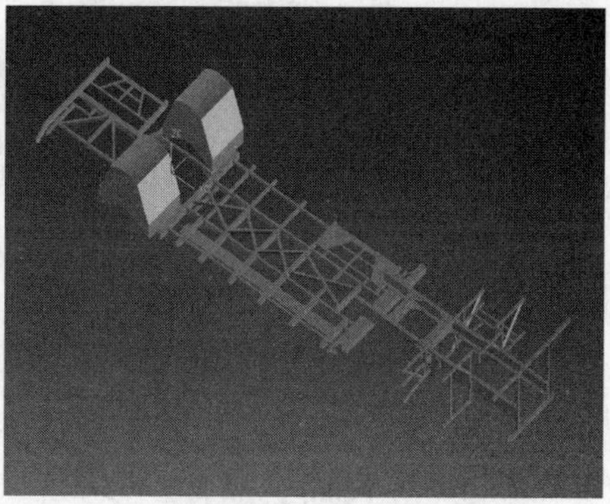

图 4-6　车架 CAD 造型

4.2.3　力学特性参数

力学特性参数指系统的刚度、阻尼等特性。由于汽车悬架中大量使用具有缓冲减振特性的零部件，如空气弹簧、油气弹簧、橡胶元件、弹性轮胎等，大都具有复杂的力学特性，而这些零部件的特性对汽车的各项性能，特别是操纵性和平顺性等具有重要的影响，所以力学特性的参数要力求精确。悬架有关零部件的刚度、阻尼等特性，一般也可以在设计图纸中查得，而橡胶元件动态特性、弹性轮胎等参数，须通过实用获得。

在低地板城市客车虚拟样机系统中，需要给定的系统动力学参数的部件和相应的参数分别为

（1）空气弹簧非线性刚度特性；

（2）减振器阻尼特性；

（3）橡胶衬套与车身之间的刚度与阻尼值。

4.2.4　减振器非线性阻尼特性

前后减振器阻尼特性曲线如图 4-7 和图 4-8 所示。在低地板城市客车虚拟样机中，减振器数据是以 ADAMS 自带的函数，拟合该曲线输入的。

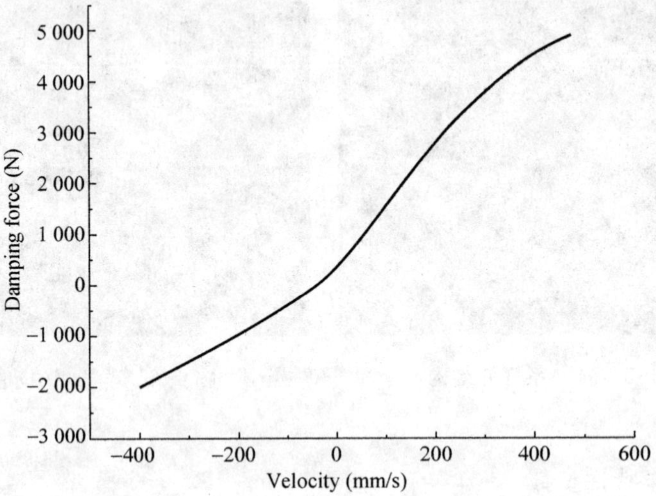

图 4-7　前悬架阻尼器阻尼特性

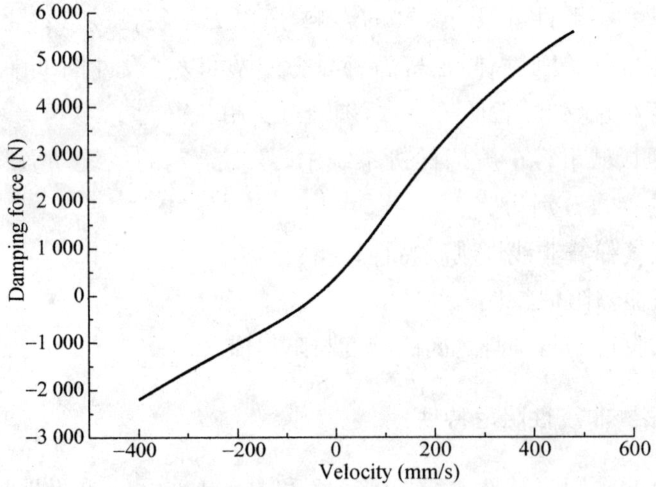

图 4-8　后悬架阻尼器阻尼特性

4.2.5　外界参数

汽车的使用环境，是进行汽车动力学仿真的外界条件。这些外界条件众多，如汽车行驶道路的路面谱，高速行驶时的侧向风力等。本书中，由于城市客车车速较低，设计车速不超过 70 km/h，所以不考虑风力的影响，路面谱不考虑路面倾斜度，在平顺性仿真时，引入脉冲路面和随机路面的不平度。同时，车辆模型中四个轮胎的路面可以一样，也可以不同。

4.3　低地板城市客车路面试验准备

4.3.1　试验目的与内容

根据汽车操稳性试验与评价中华人民共和国国家标准[118-120]和乘坐舒适性国家试验标准[121, 122]，试验内容包括稳态转向特性、瞬态转向特性，脉冲路面输入和随机路面输入的舒适性试验。试验测量变量包括操舵力、侧向加速度、横摆角速度、方向盘转向角、车身侧倾角、垂向加速度等。

4.3.2　试验设备及场地

低地板城市客车试验在襄樊国家汽车试验场[123]进行，试验用场地和试验用样车如图 4-9 和图 4-10 所示。

图 4-9　操稳性测试试验场地

图 4-10　试验车辆

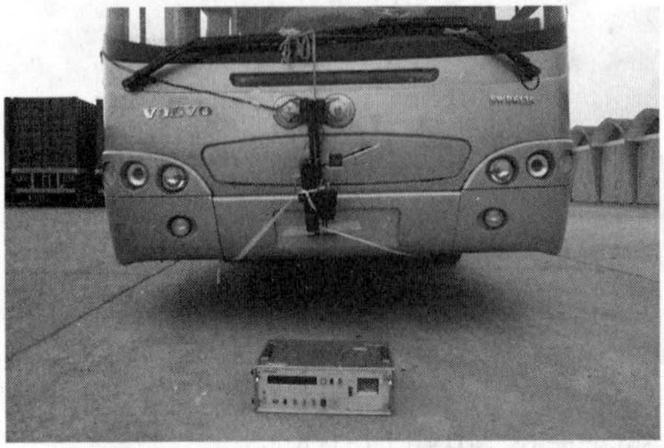

图 4-11　车速测量仪

图 4-12　方向盘力角计

试验仪器设备中，D-35641 型车速测量仪固定在汽车前围纵向对称面上，测量汽车前进车速，如图 4-11 所示；日本 Hino 公司 SFA-205BS 型方向盘力角计与汽车方向盘固定在一起，测量汽车方向盘转向角及方向盘转动力矩，其测量精度为 0.5%，如图 4-12 所示；北京青云自动化技术开发公司 QCW-3A 汽车操稳测试仪负责采集汽车横摆角速度、车身侧倾角、重心侧偏角和侧向加速度，该测试仪测量精度为 3%，采样频率为 200 Hz，主要包括陀螺仪和加速度传感器，其中陀螺仪安装在车辆重心位置，垂直陀螺轴线与车辆 Z 轴重合，负责采集汽车横摆角速度、车身侧倾角和重心侧偏角，如图 4-13所示；加速度传感器固定连接于车体，负责采集试验过程中汽车侧向加速度，如图 4-14 所示；试验测量信号经日本共和公司 DPM-6H 型动态应变仪，如图 4-15 所示，处理后，通过 DATRON 公司 μEEP-2 型数据采集系统，

图 4-13　陀螺仪

图 4-14　加速度传感器

如图 4-16 所示，输出。该数据采集系统有 8 个数据采集通道，可同时采集 8 个实时数据量，其数据采集精度为 0.5%。

图 4-15　动态应变仪

图 4-16　数据采集系统

图 4-17　DEWE-2010 数据采集系统

图 4-18　加速度传感器

在汽车平顺性试验中，数据采集系统采用瑞典 DEWETRON 多通道数据采集系统，其型号为 DEWE 2010，如图 4 17 所示。该数据采集系统有 16 个数据采集通道，可同时采集 16 个实时数据量；其数据采集精度为 0.1%，完全可以满足平顺性试验的数据采集要求。平顺性试验所测量的振动加速度信号由瑞士 Kistler 公司生产的 ICP 加速度传感器测量，如图 4-18 所示。

4.4　低地板城市客车操稳性仿真与试验

汽车的操纵稳定性是汽车最重要的性能之一，它不仅仅是表征汽车驾驶的操纵方便程度，更是决定汽车安全行驶的一个重要参数。汽车的操纵稳定性是指在驾驶者不感到过分紧张和疲劳的条件下，汽车能遵循驾驶者通过转向系及转向车轮给定的方向行驶，且当遭遇外界干扰时，汽车能抵抗干扰而保持稳定行驶的能力。由此可见，汽车操纵稳定性实际上包含相互联系的两个部分，一是操纵性，指在驾驶员不感到过分紧张、疲劳的条件下，汽车按照驾驶员的转向指令行驶的能力；一是稳定性，指汽车遭遇外界干扰（路面扰动或阵风扰动）时抵御干扰保持稳定行驶的能力。

在汽车动力学仿真分析中，有两种方式考查汽车操纵性能[124, 125, 127]。一种是给定方向盘输入（如角阶跃输入）的开环控制，另一种是包括控制方向盘转角的驾驶员在内的闭环控制模型。开环评价是对汽车本身进行评价，以汽车的响应参数作为评价系统好坏的标准，然后根据系统具有良好性能的标准进行比较评价。这种方法是把汽车本身看作一个控制系统，按照对控制系统稳定性、稳态品质和瞬态响应特性的一般要求来分析和评价汽车的运动特性。

开环评价是略去驾驶员而只对汽车本身进行客观测量，但事实上汽车操稳性的优劣，不但取决于汽车本身的结构参数，还涉及驾驶员和道路交通环境等主客观因素，因此，为了更全面彻底的评价汽车操纵稳定性，就应该考虑到驾驶员特性以及环境特性与汽车动力学特性的配合问题，而基于该思想的评价方法称为闭环评价方法。闭环评价方法将汽车视为驾驶员-汽车-环境闭环系统（简称人-车-路闭环系统）的被控环节，根据整个系统的特性分析和综合，对汽车操稳性进行研究和评价。

稳态转向特性试验和方向盘角阶跃输入试验属于开环评价，移线及蛇行试验属于闭环评价体系，进行仿真时应该包含驾驶员模型。在本书的仿真研究中，主要对车辆本身的稳定性进行考察，所以方向盘的转角输入采用试验时驾驶员实际的转角输入为主，只有在进行单移线瞬态仿真时，建立了最优曲率驾驶员模型，以模型转向角和试验转向角同时输入。

4.4.1 稳态转向特性仿真与试验

按照《汽车操纵稳定性试验方法　稳态回转试验》(GB/T 6323.6—94)进行稳态转向特性的虚拟试验设计和试验，汽车以最低稳定速度沿半径为

$R_0=15$ m 的圆周行驶，然后固定方向盘不动，从车速为零开始缓缓连续而均匀地加速(纵向加速度不超过 0.25 m/s^2)，直至汽车出现不稳定状态为止。在仿真计算时，输入方向盘转角为 292°，以 0.2 m/s^2 的纵向加速度加速至 40 km/h。在试验和仿真过程中，记录如下参数：

(1) 汽车横摆加速度 ω_r；

(2) 汽车前进速度 u；

(3) 车身侧倾角 ϕ。

车身侧向加速度 a_y 可由下式计算：

$$a_y = u\omega_r \tag{4-7}$$

瞬时转弯半径：

$$R = \frac{u}{\omega_r} \tag{4-8}$$

车身最大侧倾度 k_ϕ：

$$k_{\phi\mathrm{Max}} = \frac{\phi}{a_y} \tag{4-9}$$

瞬时转弯半径与起始转弯半径的比值 R/R_o 与车身侧向加速度的关系曲线如图 4-19 所示。

从试验结果可以看出，该车在低侧向加速度时，具有近似临界转向特性，高侧向加速度时呈不足转向特性。而图中用多刚体模型计算得到的转向半径比呈不足转向特性，而多体刚柔耦合模型的仿真结果比较接近试验数据，其趋势基本与试验结果相 致。

由于该款低地板客车是针对城市公交而开发的，行驶路况比较好。但是由于城市道路弯道比较多，交通往往比较拥挤，所以对操纵稳定性提出了很高的要求。从国外技术资料可以得知，欧洲同型号低地板城市客车的稳态转向特性呈中性，转向半径比保持在 1.0 左右，这种情形的出现主要有以下两个方面的考虑：

(1) 行驶车速比较低。该型号低地板城市客车的设计最高车速为 70 km/h，正常的巡航车速为 50 km/h，不会出现高速情况下转向过多的情况。

（2）城市道路弯道多，比较拥挤，需及时应付一些紧急情况，也要求有较好的转向灵敏度。

从图4-19仿真结果的变化趋势可以看出，横向稳定杆对车辆的稳态转向特性有很大的影响，不考虑后悬架横向稳定杆时，车辆的稳态转向呈明显的不足转向特性；考虑横向稳定杆后，不足转向度显著降低；引入后悬架导向机构与横向稳定杆的柔体模型后，转向特性的仿真数据更加靠近试验数据。弹性橡胶衬套的引入，对稳态转向特性的改善也起到很大的作用。

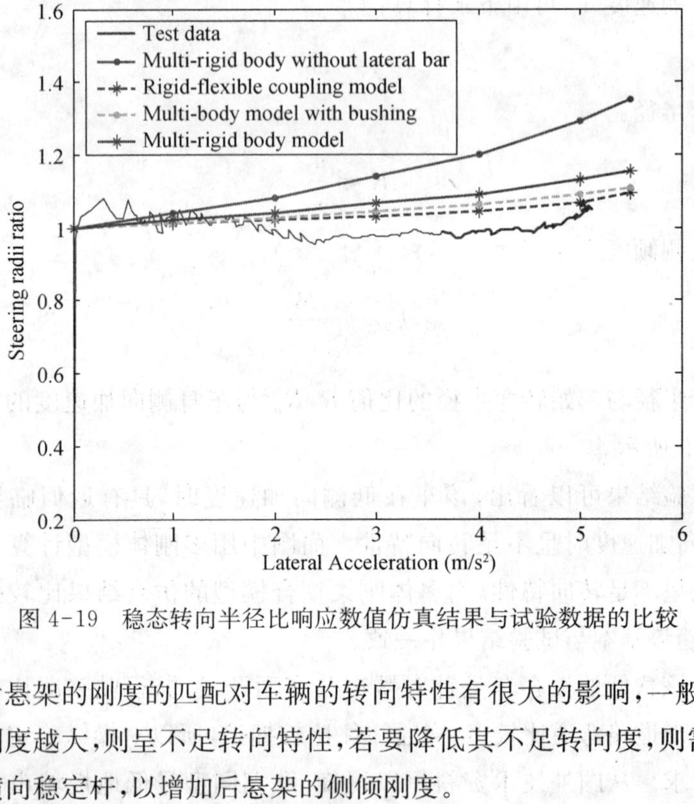

图4-19　稳态转向半径比响应数值仿真结果与试验数据的比较

前后悬架的刚度的匹配对车辆的转向特性有很大的影响，一般而言，前悬架的刚度越大，则呈不足转向特性，若要降低其不足转向度，则需在后悬架安装横向稳定杆，以增加后悬架的侧倾刚度。

4.4.2　方向盘角脉冲输入转向特性仿真与试验

参照国标《汽车操纵稳定性试验方法　稳态回转试验》(GB/T 6323.6—94)汽车操纵稳定性试验方法转向瞬态响应试验（方向盘转角角脉冲输入）

的有关规定，进行了车速 70 km/h 下的汽车转向瞬态响应仿真与试验。方向盘转角输入如图 4-20 所示，车身侧倾角和车辆侧向加速度的试验与仿真结果的比较见图 4-21 和图 4-22。虚拟样机采用多刚体模型和 59 自由度刚柔耦合模型。

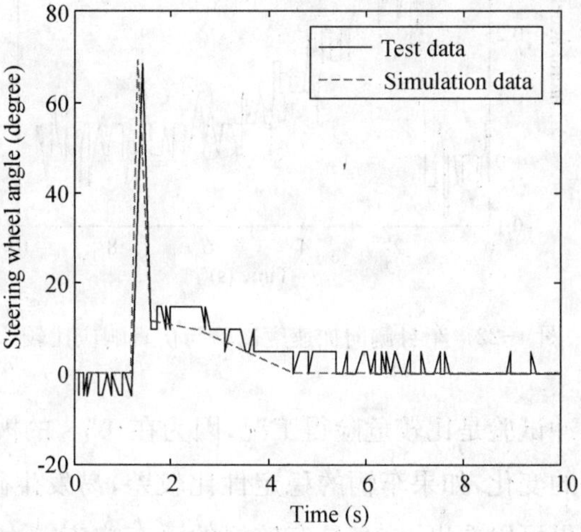

图 4-20　方向盘转角输入仿真与试验数据比较

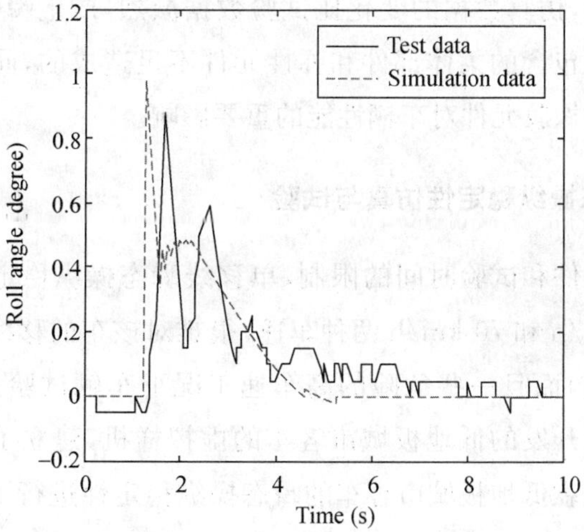

图 4-21　车身侧倾角的试验与仿真响应比较

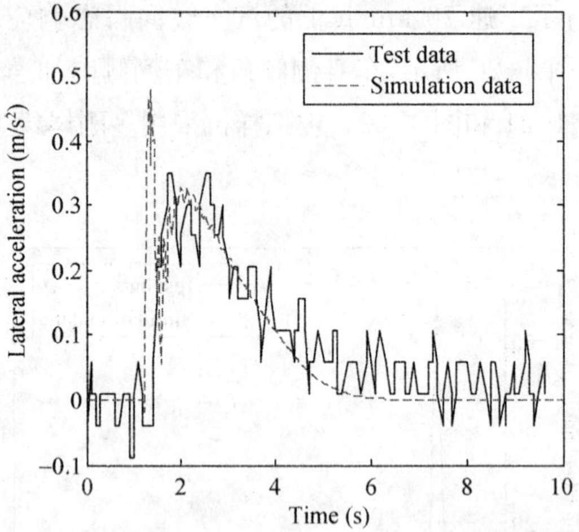

图 4-22　车身侧向加速度试验与仿真响应比较

方向盘角脉冲试验是比较危险得工况，因为在 0.5 s 的极短时间内，方向盘转角发生急剧的变化，如果车辆的稳定性比较差，易发生翻车现象。从仿真结果与试验结果可以看出，该车具有较好的瞬态响应能力，侧向加速度和侧倾角保持在较小的范围，车辆在 2～3 s 的时间内恢复正常。在方向盘发生变化的刹那间，仿真数据的变化比试验数据激烈，产生瞬时的极值，这是由于仿真模型中包含的柔体部件和弹性元件不足造成的，同时也反映了部件的柔性和弹性橡胶元件对车辆性能的重要影响。

4.4.3　移线瞬态操纵稳定性仿真与试验

由于试验条件和试验时间的限制，单移线瞬态操纵稳定性道路试验只是进行了 50 km/h 和 70 km/h 两种车速，很难对该车的移线瞬态操纵稳定性有全面的了解，而且一些危险的高车速工况下车辆试验是难以进行的。因此本书基于所开发的低地板城市客车的虚拟样机，建立了最优曲率驾驶员模型[126]，对该款低地板城市客车的瞬态操纵稳定性进行了基于实车试验的仿真研究。

汽车的转向运动，简单的服从“Acklman 几何关系”，即汽车的轨迹曲率

与转向盘转角成正比，其表达式为

$$\ddot{y}=\frac{v^2}{R}=\frac{\delta_{sw}}{nL}v^2 \tag{4-10}$$

现设汽车在一个预定的路线上行驶，轨道中心线的方程为 $f(t)$，并设在所考察的瞬间时刻 t，汽车具有的即时状态为 $y=y(t)$，$\dot{y}=\dot{y}(t)$。假设驾驶员的目光集中于前方一点处，即“单点预瞄”，当驾驶员向前预视一个距离 d 时，相应的“前视时间”为 $T=d/v$，驾驶员前视点的横向坐标为 $f(t+T)$。此时若他选择一个转向盘角度 δ_{sw}，则对应的汽车轨迹曲率为 $1/R$，横向加速度为 $\ddot{y}(t)$。这样，经时间 T 之后，在时刻 $t+T$ 汽车的横向位移为

$$y(t+T)=y(t)+T\cdot\dot{y}(t)+\frac{T^2}{2}\ddot{y}(t) \tag{4-11}$$

根据最小误差原则，驾驶员总是希望选择一个最优轨迹曲率 $1/R^*$，使得汽车在走过距离 d（经时间 T）后，其横向位置 $y(t+T)$ 与该处的预期轨道坐标 $f(t+T)$ 相一致。

由式(4-11)并考虑路径方向角不大时 $\ddot{y}^*=\frac{v^2}{R^*}$，最优横向加速度和最优曲率为

$$\ddot{y}^*(t)=\frac{2}{T^2}[f(t+T)-y(t)-T\cdot\dot{y}(t)] \tag{4-12}$$

$$\frac{1}{R^*}=\frac{2}{d^2}[f(t+T)-y(t)-T\cdot\dot{y}(t)] \tag{4-13}$$

由式(4-10)可得最优转向盘转角为

$$\delta_{sw}^*=\frac{2nL}{d^2}[f(t+T)-y(t)-T\cdot\dot{y}(t)] \tag{4-14}$$

最优曲率驾驶员模型的物理意义为：驾驶员根据前方轨道信息 $f(t+T)$ 和汽车的即时状态 $y(t)$ 与 $\dot{y}(t)$，及其对车速 v 与前视时间 T 的判断来确

定一个最优的轨迹曲率 $1/R^*$，而后由转向系传动比 n 和轴距 L 来确定最优转向盘转角 δ_{sw}^*。驾驶员用这个方向盘转角操纵汽车，使它产生横向加速度 $\ddot{y}(t)$、横向速度 $\dot{y}(t)$ 和横向位移 $y(t)$。

实际情况中，由于存在驾驶员反应滞后的现象，在实际方向盘转角与理想方向盘转角之间有滞后环节。现设驾驶员的神经反映滞后时间为 t_d，驾驶员手臂与汽车转向盘惯量等的操纵反映滞后时间为 T_h，则系统中 δ_{sw}^* 与 δ_{sw} 之间的理想环节“I”变为 $e^{-tds}\cdot\dfrac{1}{1+T_h s}$。另外，在一般情况下，汽车并不是一个理想系统，尤其当汽车的转弯运动比较剧烈时，汽车本身的动态响应是不可忽略的，故系统中车辆传递函数 $\dfrac{\ddot{y}}{\delta_{sw}}(s)$ 将不是 $\dfrac{v^2}{nL}$，而是

$$\frac{\ddot{y}s}{\delta_{sw}}(s)=G_{ay}\frac{1+T_{y1}s+T_{y2}s^2}{1+T_1 s+T_2 s^2} \tag{4-15}$$

其中，G_{ay} 为横向加速度稳态增益；T_{y1}，T_{y2}，T_1，T_2 为传递函数常系数。

这时驾驶员由判断理想曲率 $1/R^*$ 进而断定理想转向盘角度 δ_{sw}^* 所对应的传递函数也不是系统中的 nL，而是更一般的传递函数 $C(s)$：

$$C(s)=C_0(1+T_c s) \tag{4-16}$$

其中，$C_0=v^2/G_{ay}$，T_c 为校正时间常数。

考虑到上述实际情况的驾驶员模型的物理意义为：驾驶员依据道路信息 $f(t)$，经过预瞄 e^{Ts}，判断出预瞄点的位置 $y(t+T)$ 并作为系统的有效输入，同时根据汽车的即时状态 $y(t)\dot{y}(t)$ 及其前视时间 T 来判断汽车理想的横向加速度 $\ddot{y}^*$ 及最优曲率 $1/R^*$，进而通过驾驶员校正环节 $C(s)$ 得出理想方向盘转角 δ_{sw}^*，再经过驾驶员滞后环节 $e^{-tds}/(1+T_h s)$，求出驾驶员施加于方向盘的实际转角 δ_{sw}，最后通过汽车本身的动力学特性 $\ddot{y}/\delta_{sw}(s)$，使汽车产生横向加速度 $\ddot{y}(t)$，横向速度 $\dot{y}(t)$ 及横向位移 $y(t)$。

驾驶员模型是在 Matlab/Simulink 环境下编译的，运行该程序可以输出不同车速下的单移线和双移线的最优驾驶员反应，对于低地板城市客车虚

拟样机而言是转向角输入；在低地板城市客车的虚拟样机模型中，定义相应的输入变量，接受控制系统变量并将其赋予转向轮转角变量，定义输出变量，输出所需参数。需要注意的是在仿真过程中，驾驶员模型的仿真时间与步长要与虚拟样机的仿真时间与步长相吻合，保证 Matlab 与 ADAMS 之间进行的联合仿真是实时的，运行时的每一步仿真都要在模型之间进行相应的数据交换与计算。

对于如图 4-23 所示的单移线道路，图中横坐标轴代表汽车前进方向的位移(时间)，纵坐标轴代表汽车侧向位移的距离，其道路输入函数 $f(x)$ 表示为

$$f(x)=\begin{cases}0 & 0\leqslant x<a_0\\ d(x-a_0)/(a_1-a_0) & a_0\leqslant x<a_1\\ d & a_1\leqslant x\end{cases} \tag{4-17}$$

这里认为原点是汽车行驶的起始位置。在进行人-车-路闭环系统的侧向动力学仿真时，a_0 应大于驾驶员的预瞄距离，即 $a_0\geqslant uT$，这里 u 为车速，T 为驾驶员的预瞄时间。若 $a_0\leqslant uT$，则道路输入函数实际上是个阶跃函数。故 a_0 应当取得比可能的预瞄距离大一点。

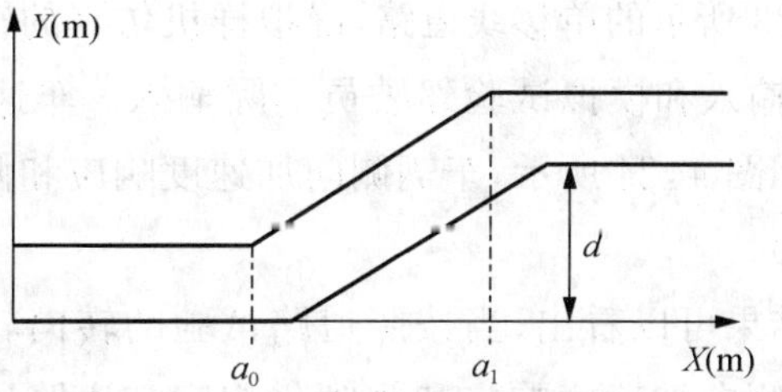

图 4-23　单移线操稳性实验道路

由于图 4-23 中的单移线道路在折点处方向突变，这对汽车来说是不可能实现的，因此驾驶员心中理想的目标轨迹应该是最接近于这条折线的低阶曲线。最简单的处理方法就是用三阶曲线拟合，约束条件为折点处道路

函数及道路函数的一阶倒数连续。拟合后的道路输入函数为

$$f(x)=\begin{cases}0 & 0\leqslant x<a_0\\ e_0+e_1x+e_2x^2+e_3x^3 & a_0\leqslant x<a_1\\ d & a_1\leqslant x\end{cases}\tag{4-18}$$

式中：

$e_0=a_0^2(3a_1-a_0)d/(a_1-a_0)^3$，$e_1=-6a_0a_1d/(a_1-a_0)^3$；

$e_2=3(a_0+a_1)d/(a_1-a_0)^3$，$e_3=-2d/(a_1-a_0)^3$。

考虑到车速的变化会带来驾驶员预瞄时间的变化，从而造成不同车速下对同一车辆的评价结果会不同。这样就会使得评价结果不能真正反映车辆的整体性能。为了消除车速对评价结果的影响，在研究过程中采用了时间域的单移线道路模型。

将 $x=ut$ 代入上式，有

$$f(t)=\begin{cases}0 & 0\leqslant t<t_0\\ g_0+g_1x+g_2x^2+g_3x^3 & t_0\leqslant t<t_1\\ d & t_1\leqslant t\end{cases}\tag{4-19}$$

式中，$t_0=a_0/u$，$t_1=a_1/u$，$g_0=e_0$；$g_i=e_iu$，$(i=1, 2, 3)$。

对于如图 4-23 所示的单移线道路，虚拟样机仿真的转向输入采用两种方式：驾驶员模型输入和模拟试验驾驶员实际输入。车速为 50 km/h 时的转向轮转角输入如图 4-24 所示，车辆侧向加速度响应和侧倾角响应分别见图 4-25 和图 4-26。

从以上分析结果可以看出，当按照道路试验的转向轮转角输入虚拟样机时，虚拟样机的侧向加速度响应和侧倾角响应与道路试验的数据基本吻合，有力的证明了虚拟样机模型的高精度；当转向轮转角输入驾驶员模型时，虚拟样机的响应数据与试验数据在数值上有一定的差别，但其基本趋势是一致的。同时，从以上数据还可以看出该低地板城市客车具有较好的瞬态响应能力，巡航车速下的单移线侧倾角和侧向加速度保持在一个较低的水平。

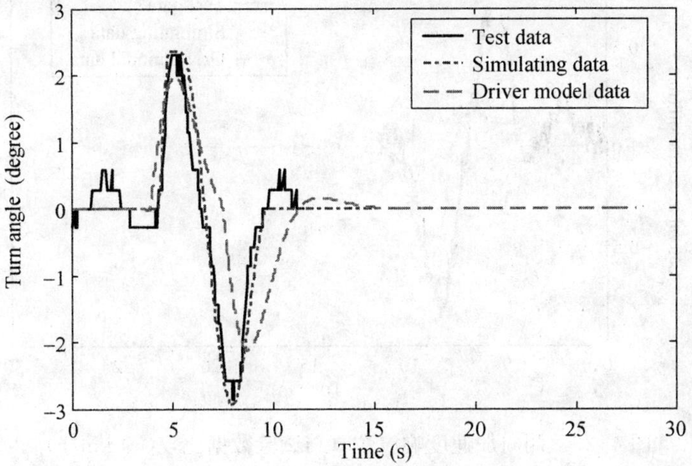

图 4-24　转向角输入仿真与试验数据比较(50 km/h)

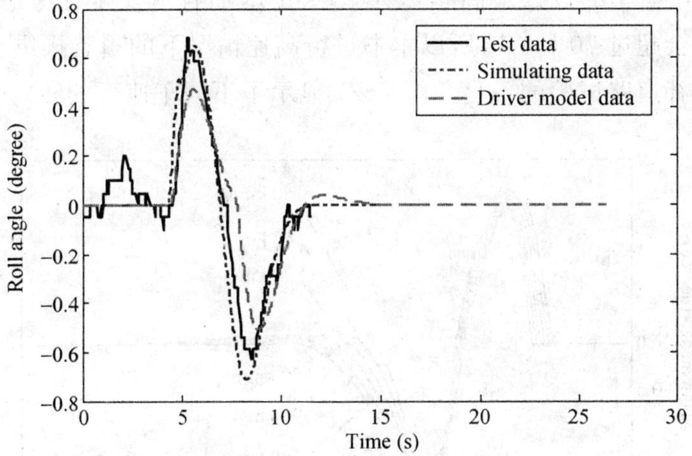

图 4-25　侧倾角响应仿真与试验比较(50 km/h)

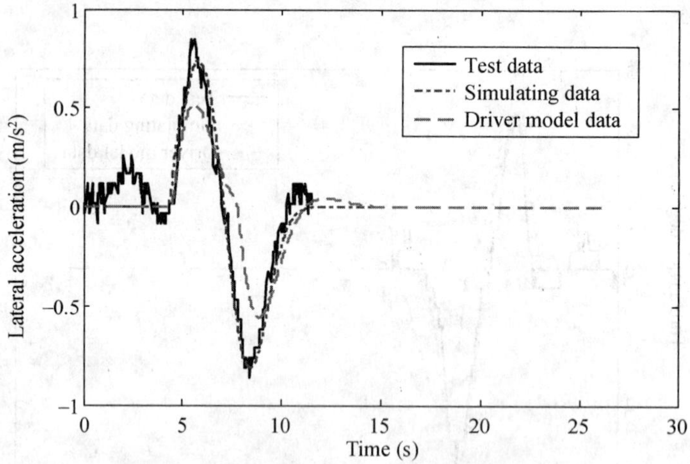

图 4-26　侧向加速度响应仿真与试验数据比较(50 km/h)

实车道路试验由于各种资源的限制,试验车速仅取在 50 km/h 的巡航车速和较高车速 70 km/h,下面本书利用所建立的驾驶员模型和虚拟样机仿真系统进行高速工况下的瞬态转向特性分析,仿真最高车速达到 100 km/h。本车的设计最高车速为 75 km/h,而且从安全性考虑,试验车速一般不会超过 70 km/h,所以本书进行高速情况下的瞬态操纵稳定性分析可以弥补道路试验的不足。图 4-27 显示了不同车速下的转向轮转角输

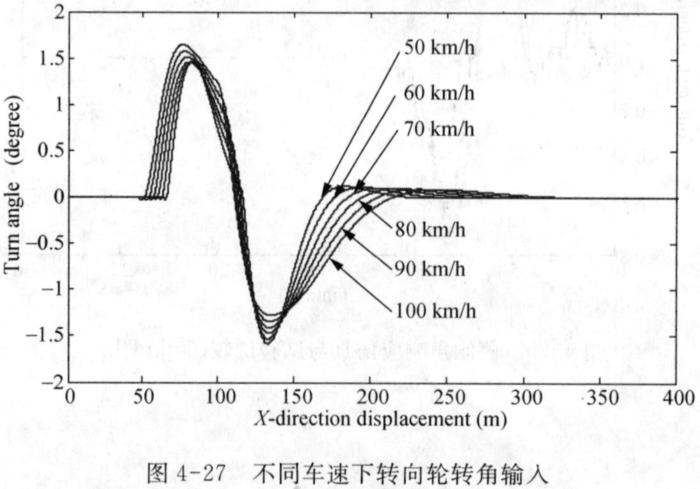

图 4-27　不同车速下转向轮转角输入

入，图 4-28 和图4-29分别显示了各种车速下车辆的行驶路线和车身的侧向加速度曲线。

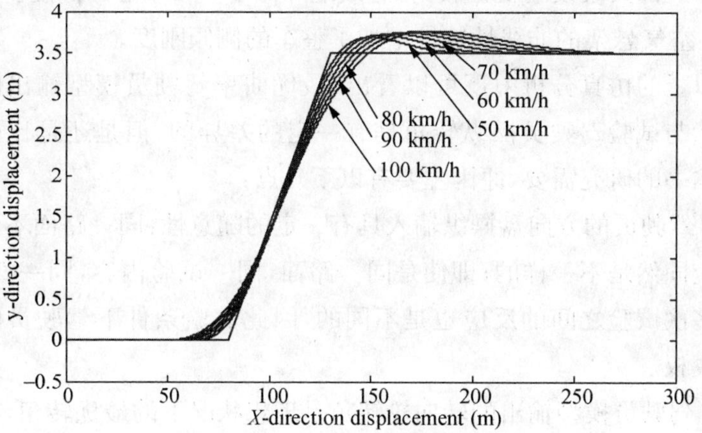

图 4-28　不同车速下车辆的行驶轨道

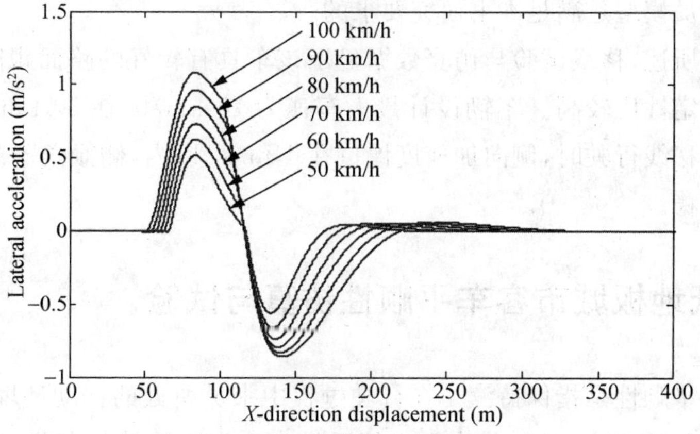

图 4-29　不同车速下车辆的侧向加速度

从图中可以看出，随车速的增高，跟随同一轨道所需的大客车转向轮的转角就越大，车身的侧向加速度越大，车辆行驶的轨道距预定轨道越远。当车速达到 100 km/h 时，车辆的侧向加速度峰值在 1.2 m/s^2 左右，保持在一个较低的水平，表明该低地板城市大客车具有较好的稳定性，主要体现在以下两点：

（1）重心较低。低地板城市客车的地板高度最低处距地面37 mm，整个地板只有后部安装发动机处较高，有效地降低了整车重心的高度。

（2）空气悬架的非线性特性增加了整车的侧倾刚度。

从以上的仿真分析中还可以看出，最优曲率驾驶员模型输出的方向盘转角虽然与试验驾驶员操纵转角是有一定的差异的，但是还是比较合理地满足了本书的研究需要，原因主要有以下几点：

（1）驾驶员的方向盘操纵输入具有一定的随意性：同一路面不同的驾驶员的反应固然是不一样的；即使是同一路面，同一试验内容，同一驾驶员，二次乃至多次试验之间的反应也是不同的，因此试验条件下驾驶员的反应不具有否决权。

（2）驾驶员模型输出的转向轮转角是理想状况下的最优转角，只要试验条件相同，那么模型的输出都是一样的，不会出现随机现象。而且从图中可以看出，模型的输出转角与试验条件下驾驶员的输出趋势是一致的，所以认为该驾驶员模型是满足本书研究要求的。

综上所述，移线试验与仿真数据显示该车具有较好的路面跟随能力，瞬态操纵稳定性比较高。车辆设计最大车速为75 km/h，在50 km/h巡航车速下进行移线行驶时，侧向加速度保持在1 m/s^2 以内，侧倾角不超过1°，行驶比较平稳。

4.5 低地板城市客车平顺性仿真与试验

汽车平顺性是指保持汽车在行驶过程中乘员所处的振动环境具有一定的舒适度的性能，有时又称为乘坐舒适性。汽车平顺性的分析可以按照如图4-30所示的汽车振动系统框图来进行。系统的“输入”经过由轮胎、悬架、座垫等弹性、阻尼元件和悬挂质量、非悬挂质量构成的振动系统，传递到悬挂质量或人体，这两部分的加速度就是“输出”的振动物理量。通常是根据人体对振动的反应——乘坐者的舒适程度来评价汽车的平顺性。在实车试验中，客车地板的垂直振动加速度易于测量，常被作为评价平顺性的重要指标。

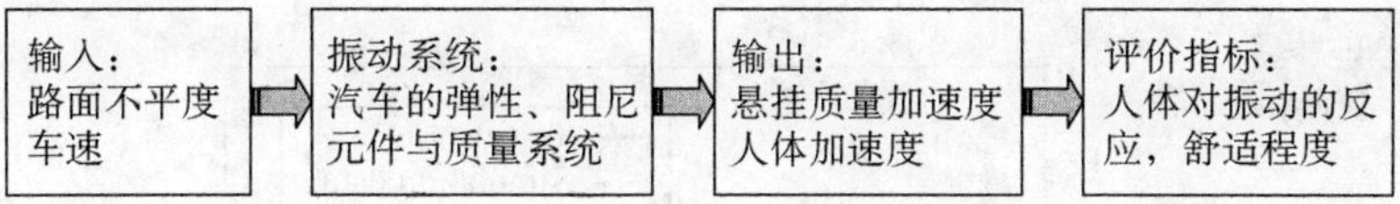

图 4-30　车辆振动系统框图

4.5.1　脉冲路面输入仿真与试验

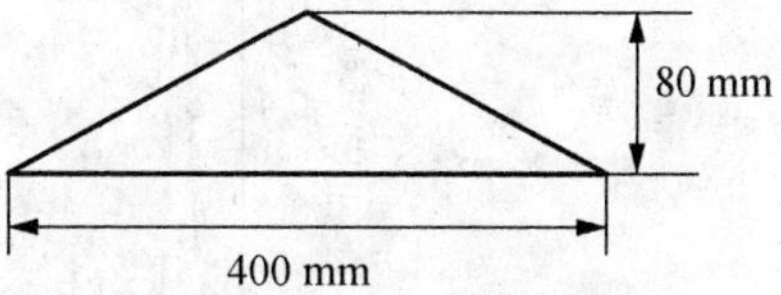

图 4-31　试验用脉冲路面截面形状

脉冲路面输入试验所用的三角形路面的截面形状见图 4-31。试验车速从 20 km/h至 70 km/h,间隔 10 km/h 进行。

仿真计算时,整个路面是在平路面的基础上,叠加脉冲路面组成,所以所包含的频率成分较实际的路面少,为减少计算工作量,仿真车速取比较典型的 50 km/h。路面试验的加速度测量点按国标布置在驾驶员座椅、后排座椅和车辆重心处,由于模型中没有建立座椅的非线性模型,所以将仿真数据的取值点定义在车辆重心处的地板上。

车辆重心地板处垂直振动加速度及其功率谱的仿真与试验数据比较如图 4-32 和图 4-33 所示。

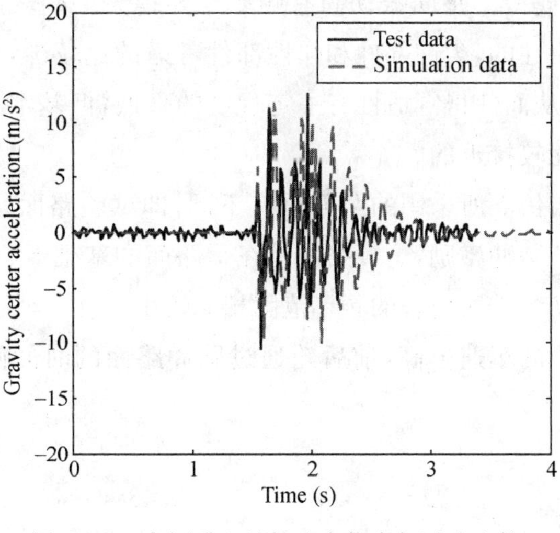

图 4-32　车辆质心处加速度仿真与试验比较

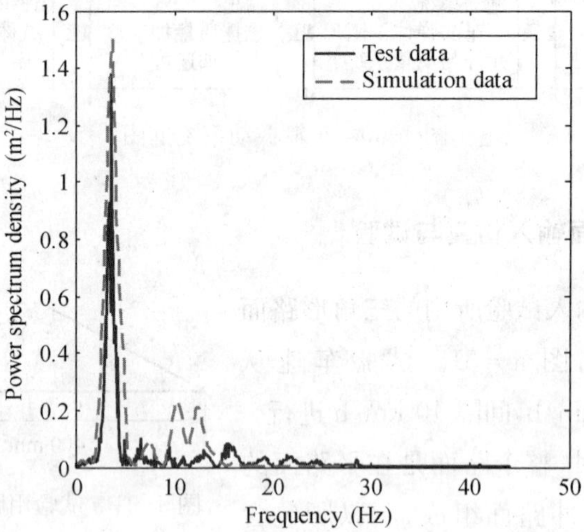

图 4-33　城市车辆质心处加速度响应功率谱仿真与试验结果比较

车辆垂直振动加速曲线显示出该车具有较好的舒适性，垂向振动的固有频率大约在 3 Hz，有效地避开了人体的振动敏感带，而且经过脉冲路面后，在较短的时间内恢复到随机路面状态，阻尼特性比较合理。仿真数据的垂向加速度值总体上大于试验数据，功率谱密度函数曲线所包含的面积也要大一些，而且模型的垂向振动固有频率也要稍大一些。这是由于模型中大部分部件是刚性的，柔性部件和弹性部件考虑的比较少，导致模型的刚度较实际车辆大，从而使得舒适性有一定程度的降低，但基本上来说仿真与试验的结果还是比较接近的。

由于试验与仿真所采用的路面稍有不同，即试验路面是在国家 A 级路面的基础上叠加脉冲激励，仿真路面是在平路面的基础上叠加脉冲路面，导致仿真数据的功率谱所包含的频率范围相对较小。

试验与仿真的车速较高，前后轮通过脉冲路面的时间间隔可以按下式计算：

$$\Delta t = \frac{l}{v_0} = \frac{6}{50 \div 3.6} = 0.43\ \mathrm{s} \tag{4-20}$$

式中，l 为轴距；v_0 为车速。由于车速较高，跨越时间较短，所以前后轮分别通过脉冲路面引起的振动叠加在一起。

4.5.2 随机路面输入仿真与试验

1. 随机路面生成

在随机路面输入平顺性仿真时，路面模型的建立是一个重要部分。试验按国标在B级路面上进行，路面不平度系数为 $101.67\times10^{-6}\ \mathrm{m^2/m^{-1}}$，试验车速50 km/h。多体模型仿真中，生成随机路面不平度的轮廓的方法是让白噪声通过一成形滤波器，车轮受到的路面激励为

$$\dot{x}=-2\pi f_0 x+2\pi\sqrt{G_0 v_0}\,w_1 \tag{4-21}$$

式中，f_0 为下截止频率；G_0 为路面不平度系数；v_0 为车速；x 为路面垂直输入；w_1 和 w_2 为白噪声输入。

对整车车辆模型来说，路面输入应该考虑到左右车辆的相干性和前后车辆的时间延迟。由于本书对平顺性的考查主要集中在车辆的垂向振动及其功率谱，不考虑侧向指标，所以左右车轮的路面认为是相同的，后轮所受到的路面激励可以认为是前轮所受激励的时间延迟，延迟时间 $\Delta t=l/v_0$。

2. B级路面平顺性仿真及试验

试验与仿真计算得到的客车重心加速度的功率谱密度如图4-33所示，两种结果比较吻合。试验结果包含的频率成分比较丰富，频率值高达250 Hz，而仿真结果仅达50 Hz，通过白噪声得到的路面丢失了实际路面中的高频成分。

ADAMS软件中，对路面的生成是通过一个个三角形叠加而成的，每个三角形由3个关键点构成。目前，ADAMS软件对路面关键点的数目限制在1 024以内，所以仿真路面只是试验路面的其中一段。

随机路面输入下的车辆平顺性仿真与试验数据显示，车辆重心位置处的振动加速度功率谱峰值主要集中在3 Hz左右，这一数值与脉冲输入的结果接近，说明车辆垂直振动的固有频率应该是3 Hz左右。

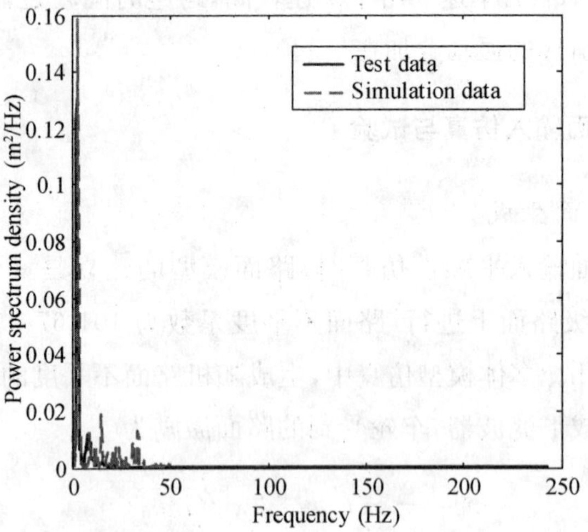

图 4-34　随机路面输入下车辆质心处加速度响应功率谱分析

4.6　小结

本章在 ADMAS/View 环境下，建立了包括双横臂独立前空气悬架、非独立后悬架、转向系以及轮胎路面模型在内的 15 自由度低地板城市客车虚拟样机多刚体动力学分析模型。通过引入线性弹性橡胶衬套和横向稳定杆、后悬架导向机构杆件的柔体模型，建立起 59 自由度的刚柔耦合整车多体动力学模型。多体动力学模型对于整车运动学、静力学、动力学仿真分析需要的大量参数，本书进行了分类整理，并总结了仿真模型参数的各种准备方法，实现了 CAD/CAM/CAE 软件之间的参数调用。

在低地板城市客车实车道路试验的基础上，利用所建立的整车系统虚拟样机，按照国标进行虚拟试验的仿真计算，并与试验数据进行比较，对模型进行了验证。

对稳态转向的仿真与试验分析表明了弹性橡胶衬套元件、柔性部件以及横向稳定杆对车辆稳态转向特性的影响。试验结果表明低地板城市大客车在低侧向加速度时，具有近似临界转向特性，高侧向加速度时呈不足转向特性，而仿真得到的稳态转向呈不足转向特性，多柔体模型的结果更加接近试验数据，精度较多刚体模型高，鉴于稳态转向对操纵稳定性的决定性地位，在以后的仿真计算中，包含橡胶弹性衬套多柔体模型是主要的计算模型。

方向盘角阶跃输入的仿真与试验表明该车具有较好的瞬态操纵稳定性，车身侧倾角和侧向加速度都在较短的时间内达到稳定，试验数据与仿真数据的吻合有力地验证了虚拟样机的正确性。

在整车系统虚拟样机的基础上，建立了单点预瞄最优曲率驾驶员模型，进行了单移线瞬态操纵稳定性分析。大量的仿真与试验表明，该低地板城市客车具有稳健的瞬态操纵稳定性，在巡航车速下，侧向加速度保持在 1 m/s^2 以内，侧倾角不超过 1°，即使在高速行驶工况下 100 km/h，侧向加速度亦保持在 1.2 m/s^2 左右，保证车辆行驶的稳定性；单点预瞄最优曲率驾驶员模型与试验驾驶员在单移线路面的趋势基本保持一致，较好的满足了移线瞬态操纵稳定性研究的需要。

脉冲路面和随机路面输入的平顺性试验与仿真都表明该车的垂向振动固有频率在 3 Hz 左右，有效地避开人体的振动敏感区域。

刚弹耦合的整车多柔体模型的仿真结果与试验数据基本吻合，证明本书所采用的多体模型的开发及刚柔体综合方法是正确的和有效的。

第5章　基于整车虚拟样机的空气悬架参数优化

车辆悬架系统的设计不仅影响汽车的平顺性和操纵稳定性，还会从结构上影响系统的整体布置及车辆的重量参数。在绪论中，本书阐述了传统的悬架设计模式，并指出这种物理样机制造——试验的设计方法不仅会使汽车的开发周期相当漫长，而且不一定使整车的性能协调。基于虚拟样机的设计是一个研究热点，在概念设计阶段能够对系统的整体性能有一个全面的把握，无论是对设计本身而言，还是对车辆性能的合理协调必将是一种促进。

空气悬架由于结构及性能的特殊性，在其参数的选配及结构的布置方面相对更加复杂。空气弹簧本身只能承受垂向载荷，因此其导向机构不仅要保证车桥运动的轨迹，还要传递侧向力和纵向力及其力矩，对悬架和整车的性能产生极大的影响，尤其是操纵稳定性。多篇文献[129, 130]提到空气悬架导向机构对车辆性能的影响，但是具体对导向机构进行计算、布置和优化的资料较少。基于多体动力学的车辆系统虚拟样机可以方便地对导向机构的结构参数进行调整，并分析其对车辆运动学和动力学的影响。

本书从空气悬架的非线性负载特性入手，通过负载、压力和高度之间的关系拟合计算了空气弹簧的有效截面积变化规律，分析空气弹簧在设计高度时刚度与压力的变化关系，提出了空气弹簧刚度参数的优选方案，并用城市客车虚拟样机进行了仿真计算。空气弹簧刚度参数优选后，车辆的稳态转向特性发生了变化。通过对城市客车非独立后悬架导向机构的研究，分析了导向机构横向推力杆对车辆操纵稳定性的影响，并对横向推力杆的前后布置进行了优化。

5.1　空气弹簧的刚度特性

设空气弹簧所受的载荷为 F，气囊内绝对气压为 p，外界大气压为 p_a。假设随气囊高度变化的有效面积为 A，则有

$$F=(p-p_a)A \tag{5-1}$$

由气体状态方程有

$$p=p_0\left(\frac{V_0}{V}\right)^k \tag{5-2}$$

式中，p，V 表示任意位置时气体的绝对压力和容积；p_0，V_0 表示静平衡位置时气体的绝对压力和容积；k 为多变指数，当汽车振动柔和缓慢时，气体的状态为等温过程，$k=1$，当气体振动激烈时，气体的状态变化近似为绝热过程，$k=1.4$，在一般情况下 $k=1.3\sim1.38$。

根据式(5-1)、式(5-2)得：

$$F=\left[p_0\left(\frac{V_0}{V}\right)^k-p_a\right]A \tag{5-3}$$

空气弹簧的刚度为式(5-3)对垂直位移 f 求导，考虑到 $\frac{\mathrm{d}V}{\mathrm{d}f}=-A$，则空气弹簧刚度表达式：

$$C=\frac{\mathrm{d}F}{\mathrm{d}f}=\left(p_0\frac{V_0^k}{V^k}-p_a\right)\frac{\mathrm{d}A}{\mathrm{d}f}+A^2kp_0\frac{V^k}{V^{k+1}} \tag{5-4}$$

在平衡位置的刚度为

$$C_0=(p_0-p_a)\frac{\mathrm{d}A}{\mathrm{d}f}+A^2k\frac{p_0}{V_0} \tag{5-5}$$

式(5-4)中，P_0，V_0 为静平衡位置时气体的绝对压力和体积；V，A 为任意位置时气体的体积和承压面积。C 是一个变量，其载荷 F 与位移 f 不成线性关系，因而不能用分析线性系统常用的频率响应函数或传递函数等方法来描述空气弹簧悬架系统的特性。

图 5-1 和图 5-2 分别为低地板城市客车前后悬架的空气弹簧负载与空气弹簧高度的关系曲线[128]，前悬架采用 Firestone 公司的 1T15M-4 型空气弹簧，设计高度为 12.5 英寸，后悬架采用 Firestone 公司的 1T15M-6 型空气弹簧，设计高度为 15.0 英寸。从图中可以看出：

（1）某一气压下空气弹簧的绝对弹力总是正值，即方向总是向上，这与一般弹簧的特性不同。但对于静平衡位置的力 F_0 来说，却有正有负，即空气弹簧在静平衡位置以下（称压缩）位移时弹力为正，方向向上；在静平衡位置以上（称拉伸）位移时弹力为负，方向向下。

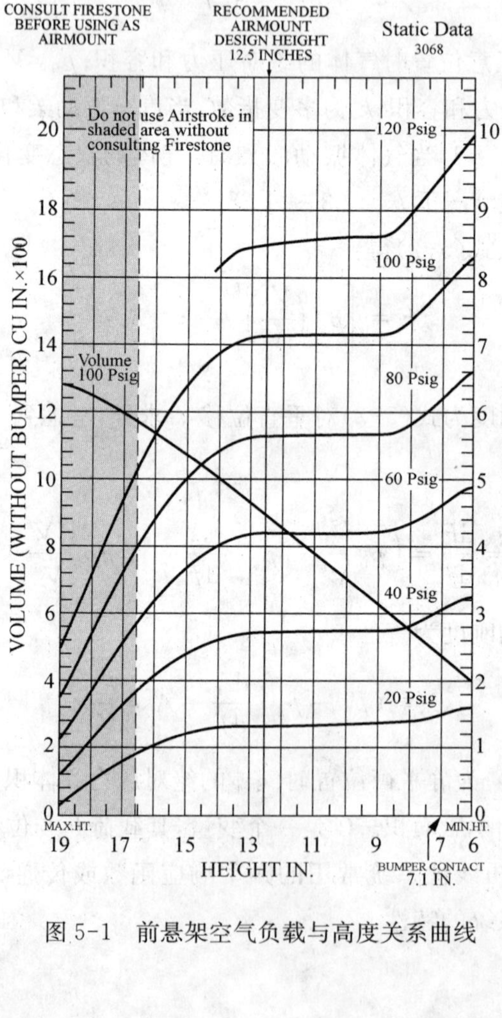

图 5-1　前悬架空气负载与高度关系曲线

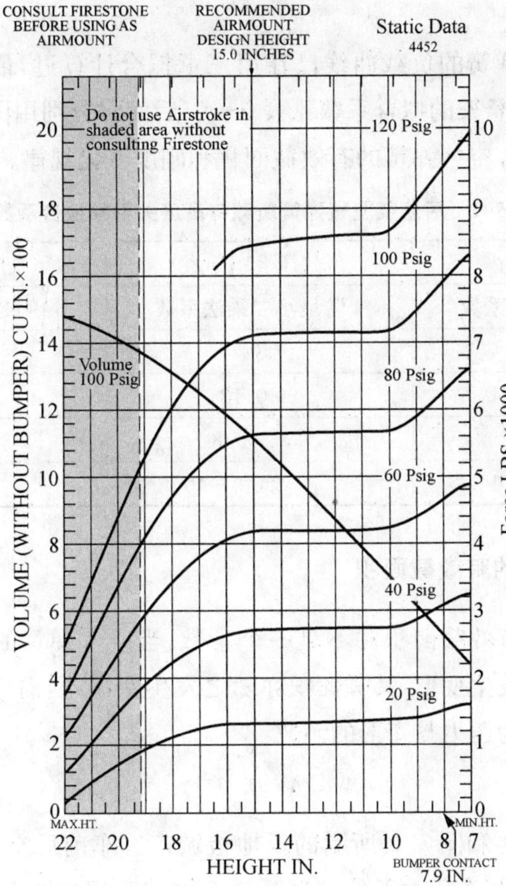

图 5-2　后悬架空气弹簧负载与高度关系曲线

(2) 图中用黑线标识出空气弹簧的设计高度，设计高度是空气弹簧的一个重要的参数，是弹簧生产厂家推荐的安装高度，在悬架的空间布置时要保证空气弹簧的安装空间满足设计高度的要求。

(3) 在设计高度附件的一段区域内，空气弹簧的负载能力基本不变，有利于系统的平衡与稳定。

(4) 图中灰色的部分为空气弹簧极限高度范围，负载变化比较剧烈，一般情况下弹簧不应在此区域内工作。

(5) 图中还显示了空气弹簧有效体积随弹簧高度的变化曲线，基本为线性关系。

前悬架空气弹簧的负载曲线已在第三章拟合计算过，最小二乘法拟合系数见表 3-6，后悬架的拟合系数见表 5-1。后面将分别用图 5-1 和图 5-2 中的试验数据研究空气弹簧的有效截面积和刚度变化规律。

表 5-1　后悬架空气弹簧负载与高度关系的拟合系数

气压 60 Psig	气压 80 Psig	气压 100 Psig
4 阶最小二乘法系数	4 阶最小二乘法系数	4 阶最小二乘法系数
33.4419	41.8875	47.18
−0.0528	−0.0113	−0.0554
0.003	0. 0008	0.0012
-1.6668×10^{-6}	-3.149×10^{-6}	-4.33×10^{-6}

5.1.1　空气弹簧的有效截面积

空气弹簧的有效截面积并不是一个常数，当空气弹簧的橡胶结构在腔内压力的作用下发生变形，其截面积亦随之发生变化，因而空气弹簧的有效截面积可以表示为压力与变形的函数：

$$A=A(f,\ P_1) \tag{5-6}$$

对于如图 5-1 和图 5-2 所示的低地板城市客车前后空气弹簧负载-变形曲线，计算得到各个压力下的空气弹簧有效截面积如图 5-3 和图 5-4 所示，图中底部的两条曲线为压力为 60 Psig 和 100 Psig 时空气弹簧有效截面积与压力为 80 Psig 时的差值。从图中可以看出，空气弹簧有效截面积的变化遵循以下两条规律：

(1) 空气弹簧的内部压力对有效截面积的影响较小。压力从 60 Psig 变换到 100Psig 时，有效截面积的变化在 $\pm1.0\times10^{-3}\ \mathrm{m}^2$；

(2) 在靠近设计高度的一段变形范围内，空气弹簧的有效截面积是常数，这种特性有助于系统的稳定。

则有效截面积可以近似表示为变形的函数

$$A=A(f) \tag{5-7}$$

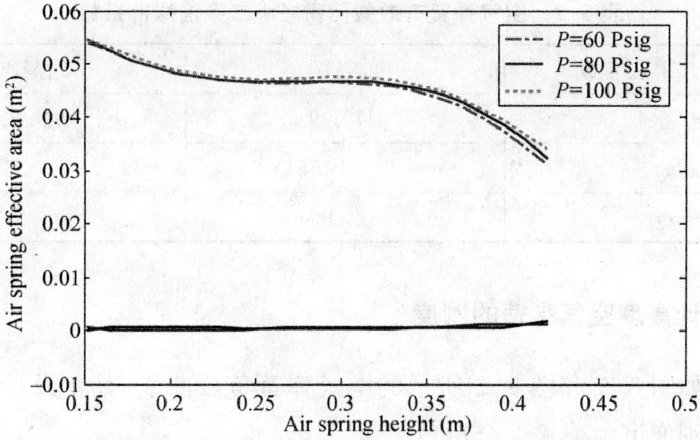

图 5-3　前悬架空气弹簧有效截面积变化曲线

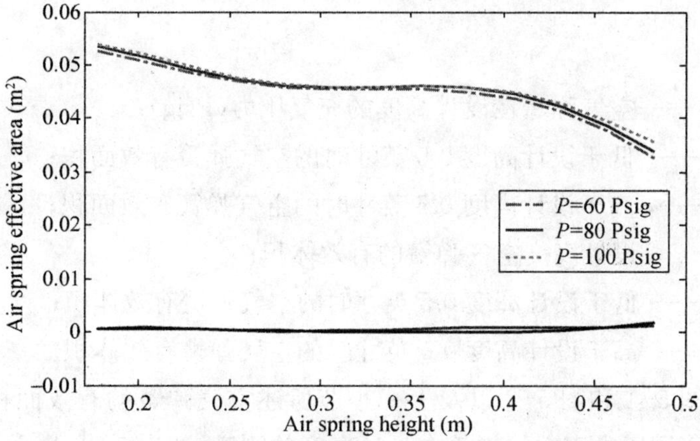

图 5-4　后悬架空气弹簧有效截面积变化曲线

用三阶最小二乘法对空气弹簧的有效截面积曲线进行拟合，则 $A(f)$ 表示为

$$A(f)=a_0+a_1\cdot f+a_2\cdot f^2 \tag{5-8}$$

为提高最小二乘法的拟合精度，面积的单位由“m^2”变换为“cm^2”，变形量的单位由“m”变换为“cm”，拟合得到的前后空气悬架有效截面积方程系数见表 5-2。

表 5-2　空气弹簧有效截面积最小二乘法拟合系数

最小二乘法参数	前悬架	后悬架
a_0	470.99	514.28
a_1	0.1581	0.5287
a_2	−0.001	−0.0019

5.1.2　设计高度空气弹簧的刚度

对于如图 5-1 和图 5-2 所示的空气弹簧负载曲线，其在设计高度时的空气弹簧刚度可由下式[114]计算：

$$C_d = (p_d - 14.7) \times \left[A_c\left(\frac{V_1}{V_c}\right)^{1.38} - A_e\left(\frac{V_1}{V_e}\right)^{1.38}\right] - 14.7(A_c - A_e) \tag{5-9}$$

式中　p_d——空气弹簧在设计高度的充气压力(Psig)；

A_c——低于设计高度 0.5 英寸时的空气弹簧有效面积；

A_e——高于设计高度 0.5 英寸时的空气弹簧有效面积；

V_1——设计高度空气弹簧的有效体积；

V_c——低于设计高度 0.5 英寸时的空气弹簧有效体积；

V_e——高于设计高度 0.5 英寸时的空气弹簧有效体积。

按照图 5-1 和图 5-2 以及上一小节所述空气弹簧的有效面积的计算，计算得到不同压力下空气弹簧在设计高度的刚度，如表 5-3 所示，其变化趋势见图 5-5。

表 5-3　设计高度空气弹簧的刚度

压力 (Psig)	前悬架		后悬架	
	弹簧刚度 (lbs./in.)	弹簧刚度 (N/m)	弹簧刚度 (lbs./in.)	弹簧刚度 (N/m)
40	459	80.3	395	69.125
60	620	108.5	541	94.675

（续表）

压力 (Psig)	前悬架		后悬架	
	弹簧刚度 (lbs./in.)	弹簧刚度 (N/m)	弹簧刚度 (lbs./in.)	弹簧刚度 (N/m)
80	803	140.5	707	123.725
100	986	172.55	852	149.1

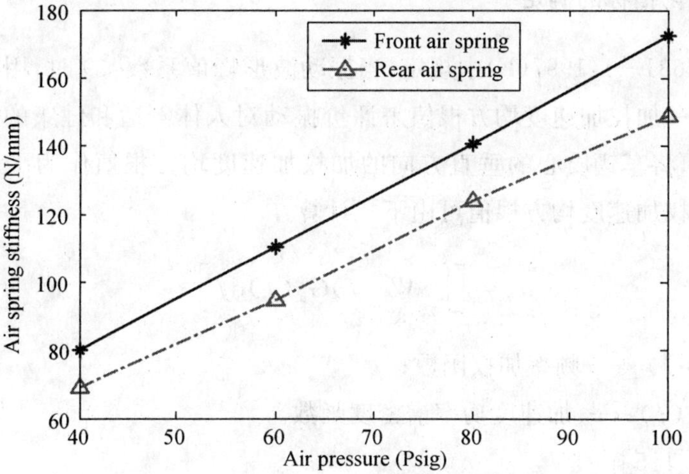

图 5-5　空气弹簧在设计高度的刚度

从图中，我们可以得到一个非常重要的结论：空气弹簧的刚度在设计高度时的不同压力下呈线性趋势。在空气悬架的设计过程中，有一个基本原则就是空气弹簧的安装高度与设计高度保持一致，所以研究设计高度下空气弹簧的动力学特性对于空气悬架的参数匹配是非常有用的。

5.2　基于平顺性的空气悬架参数优选

由于空气弹簧的刚度具有非线性特性，其参数的匹配和优化与普通弹簧比较，比较复杂，属于非线性优化的范畴。注意到空气悬架具有以下工作事实：

(1) 在设计高度，空气弹簧的刚度与内部压力之间的关系是线性的；

(2) 空气弹簧的有效面积受压力变化的影响较小；

(3) 在一定的工作范围内，同一压力下空气弹簧的负载基本不变。

本书提出了一种空气悬架刚度参数优选的思路，可以避免非线性优化问题的出现。

5.2.1 优化指标的确定

ISO2631—1:1997(E)中规定：当振动波形峰值系数<9 时，用基本的评价方法——加权加速度均方根值来评价振动对人体舒适和健康的影响。为方便起见，将车辆质心的垂直方向的加权加速度均方根值作为平顺性评价指标。加权加速度均方根值可由下式计算：

$$a_z = \left[\int_{0.5}^{80} W^2(f) G_a(f) \mathrm{d}f\right]^{1/2} \tag{5-10}$$

式中 $W(f)$—— 频率加权函数；

$G_a(f)$——加速度功率谱密度函数。

按照文献[115]，

$$W(f)=\begin{cases} 0.5\sqrt{f} & 1 < f \leqslant 4 \\ 1 & f < f \leqslant 8 \\ 8/f & 8 < f \end{cases} \tag{5-11}$$

利用前文建立的低地板城市客车虚拟样机进行 50 km/h 下 B 级随机路面的平顺性仿真，并测量车辆质心处的垂向加速度信号，进行 FFT 变换，并带入上式计算加权加速度均方根值为 0.4231 m/s²，同时计算车辆路面试验测得的加速度数据的加权加速度均方根值为 0.4243 m/s²，二者基本一致。

设定优化的目标函数为车辆质心处的加权加速度均方根值最小，即

$$F(x) = a_z \rightarrow \min \tag{5-12}$$

5.2.2　悬架性能参数的优选

悬架的刚度是悬架最基本也是最重要的参数，由于空气悬架的非线性，优化起来比价困难，因此本书用一线性弹簧来代替空气弹簧，线性弹簧的刚度定为空气弹簧设计高度的刚度。由于在设计高度附近，空气弹簧的刚度变化不大，这种替代是可行的。则系统的优化转变为普通弹簧的悬架参数的优化。

选择前后桥悬架的刚度 k_f，k_r 作为设计变量，即

$$x = [k_f \quad k_r]' \tag{5-13}$$

并设定刚度的变化范围为±20 N/mm，以上一小节提出的质心处的加权加速度均方根值为目标函数，按照普通悬架系统的优化方法进行参数优选，优化后的前后悬架刚度和加权加速度均方根值如表 5-4 所示。

表 5-4　优化前后的悬架参数

悬架参数	前悬架刚度 (N/mm)	后悬架刚度 (N/mm)	加权加速度均方根值 (m/s^2)
原参数	140.5	123.7	0.4301
优化取值	135.8	117.3	0.3975

以上参数的优化是基于线性弹簧悬架进行的，需要变换回空气悬架。本书前面提到，在设计高度，空气弹簧刚度与压力是线性的，所以可以由悬架的刚度推知此时空气弹簧的内部压力，由图 5-5，可以查到优化后前后悬架的压力分别为 78.31 Psig 和 78.63 Psig。

空气弹簧的负载可由下式计算：

$$F = (P - P_0)A \tag{5-14}$$

并且前文提到，空气弹簧的有效面积在不同的压力下是一样的，将前文推出的空气弹簧有效面积的计算式带入上式，得

$$F = (P - P_0)A = (P - P_0)(a_0 + a_1 f + a_2 f^2) \tag{5-15}$$

则可以得到优化后前后悬架的负载曲线，如图 5-6 和图 5-7 所示。

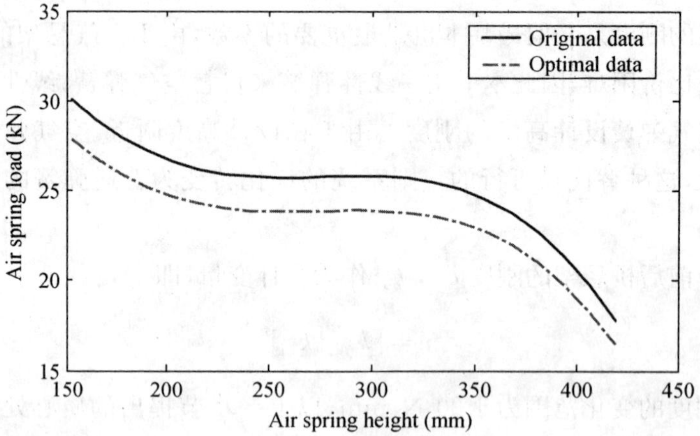

图 5-6　前空气弹簧负载特性

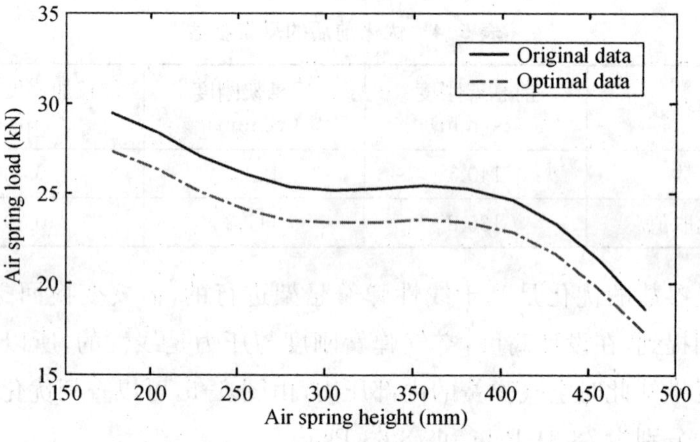

图 5-7　后空气弹簧负载特性

将优化后的空气弹簧的非线性负载特性输入低地板城市客车虚拟样机中，进行平顺性仿真和稳态转向特性仿真，计算得到的车辆质心垂向加权加速度加速度均方根值为 0.4238 m/s^2，稳态转向特性如图 5-8 所示，从图中可以看出，稳态转向特性呈明显的不足转向特性，与原来的数据相比，不足转向度增加。

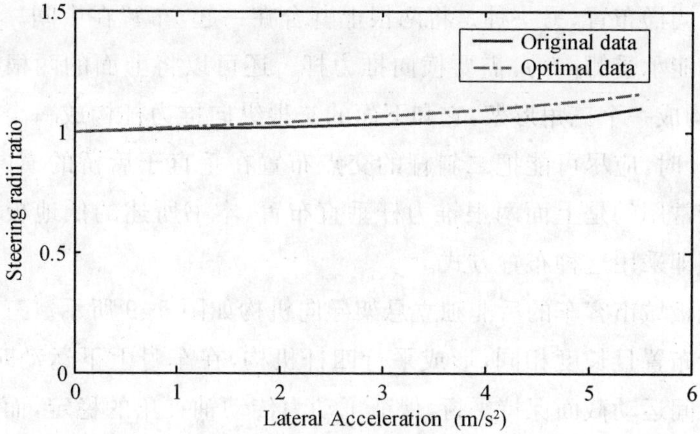

图 5-8 稳态转向特性

5.3 空气悬架导向机构参数优化

影响车辆的稳态转向特性的因素很多,如悬架弹性元件的刚度、弹性元件安装位置、横向稳定杆的布置方式、转向系统的刚度以及弹性橡胶衬套的刚度等。随车辆研究技术的发展,非独立悬架系统导向机构对车辆性能的影响的研究得到越来越多的重视,尤其是以螺旋弹簧和空气弹簧为弹性元件的悬架。文献[129]研究了后桥参数对螺旋弹簧非独立悬架侧倾刚度的影响,文献[130]对两种不同的空气悬架导向机构的布置方式,确定其整车侧倾力矩中心和纵向倾覆力矩中心。图 5-8 显示,经过以平顺性为目标的悬架参数优选后,车辆系统的稳态转向特性有所变化,不足转向度增加,本书将针对该车的后悬架导向机构进行分析,通过参数优化的方法对杆系进行布置。

5.3.1 后空气悬架导向机构分析

在大客车设计中,广泛采用双纵臂式四连杆导向机构,下纵臂一般布置在两边,上面两根纵向推力杆的布置方式则可根据需要,灵活安排。一种是同下纵臂同样布置,另一种是将两根上臂合在一起,布置在中间。这两种布置方式不能承受侧向力,需要横向推力杆。还可以将上面的两根推力杆倾斜布置,构成一个三角形架,它和下面的二根纵向推力杆构成一个四连杆机构,在设计时,应尽可能把二斜杆的交点布置在垂直于后桥的横向平面内。还有比较常用的是上面两根推力杆垂直布置,本书所述的低地板城市大客车后悬架即采用这种布置方式。

低地板城市客车的后非独立悬架导向机构如图 5-9 所示。三根纵向推力杆平行布置且长度相同,形成平行四杆机构,在车身上下运动时,使车桥与车架之间运动截面保持平行,保证了动力传动轴夹角的稳定,而且通过调整上下推力杆的相对位置,可以调节传动轴十字节夹角在合适的角度,同时纵向推力杆还要传递纵向力。横向推力杆主要用来传递横向力,约束车桥与车架之间的横向位移,而且还影响侧向力在左、右侧悬架的分配。在车辆的侧向动力学分析中,横向推力杆轴线与车辆横向对称面的交点即为悬架的侧倾力矩中心,因此横向推力杆的布置对车辆的侧向动力学特性有很大的影响。

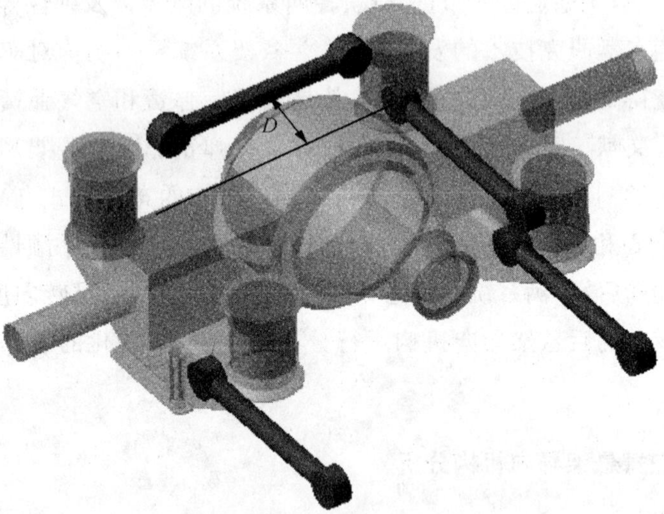

图 5-9　非独立后空气悬架四连杆式导向机构

为对导向机构的影响有一个全面的认识，在城市客车整车虚拟样机的基础上，保持其他参数不变，将横向推力杆前后移动，观察整车系统稳态转向特性的变化。图 5-10 是横向推力杆前后移动时车辆的稳态转向特性，图中 D 为横向推力杆轴线与后桥轴线的距离，见图 5-9，$D=176$ mm 为原车辆系统设计尺寸。从图中稳态转向半径比的变化趋势可以看出：

(1) $D=176$ mm 时，为原设计位置，稳态特性基本为临界转向特性，与试验结果相同。

(2) 间距 D 减小时，即横向推力杆向后桥方向移动，不足转向度随移动距离的增加而变大，移动的距离不能超过后桥轴线。

(3) 间距 D 增加时，即横向稳定杆远离后桥轴线，车辆系统是过多转向稳态转向特性，而且随距离的增加，过多转向度变大。当 $D=376$ mm，侧向加速度为 5.3 m/s^2 时，过多稳态转向半径比达到 0.87；当侧向加速度达到 5.9 m/s^2时，仿真过程中车辆的姿态已不正常。

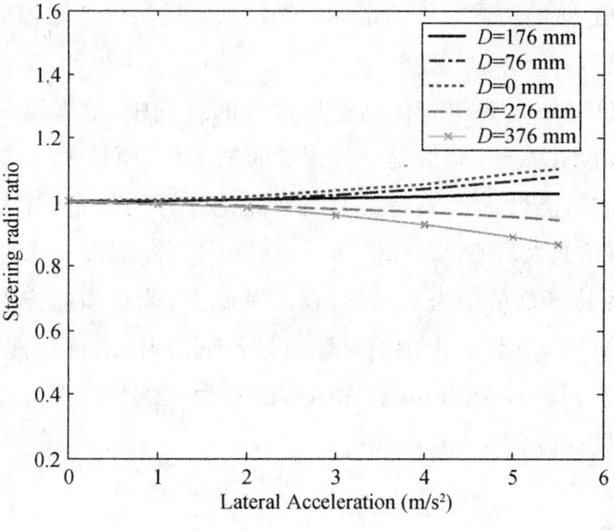

图 5-10　稳态转向特性变化曲线

以上的分析显示，横向推力杆的布置对车辆的操纵稳定性有重要的影响，尤其对于该车而言，由于其具有灵敏的中性转向特性，如果推力杆的位置布置不当，则有可能向过多转向特性转变，导致在高速和大侧向加速度时车辆转向行驶的不稳定。

5.3.2 导向机构横向推力杆的布置优化

经过以舒适性为目标的空气弹簧刚度参数优选后，车辆系统的不足转向度增加。本节以中性稳态转向特性为目标，采用优选后的空气弹簧刚度，对后悬架导向机构与后桥轴线的距离 D 进行优化，以确定横向推力杆的布置位置。

优化目标设定为式(5-16)：

$$\max\left(\left|\frac{v}{\omega_r \times r_0} - 1\right|\right) \rightarrow \min \tag{5-16}$$

式中，v 为车辆的前进速度；ω_r 是车辆的侧向加速度；r_0 为车辆的初始转弯半径。

优化变量 D 的边界条件确定为后轴轴线与后桥位于后轴前面的空气弹簧的安装位置，即[0，344]。

在用 ADAMS 软件进行优化迭代计算的过程中，笔者发现在如此大的范围内搜索对 ADASM 来说是一件很费时的工作，而且区间越宽，计算出错和优化失败的可能性大大提高。为提高优化计算的效率，首先采用人工干预计算，通过仿真发现在 $D=266$ mm，横向推力杆偏离原来位置向前移动 90 mm 时，目标函数的值为 0.0139；在此基础上，调整横向推力杆的位置到此处，利用 ADAMS 软件提供的算法，进行小范围内的优化搜索，多次迭代后计算收敛于 $D=278.6$ mm，目标函数的值为 0.0017。至此横向推力杆已偏离原来的设计位置 102.6 mm。

5.4 小结

本章从空气悬架的非线性负载特性入手，拟合计算了空气弹簧的有效截面积变化规律，分析了在设计高度时空气弹簧刚度与压力之间的线性关系。在此基础上，提出了空气悬架的参数优选方案，在低地板城市客车虚拟样机中以普通弹簧取代空气弹簧，进行参数的优选和匹配，然后再换算回空气弹簧的非线性特性，并用低地板城市客车虚拟样机进行了仿真计算。

空气悬架的导向机构不仅要保证车桥的正确运动轨迹，还要传递各种力和力矩。该车后悬架采用四连杆式导向机构，其横向推力杆与车辆纵向对称面的交点即为悬架的侧倾力矩中心，因此对车辆的操纵稳定性有很大的影响。基于城市客车整车虚拟样机，保持其他参数不变，通过调整横向推力杆的前后位置，仿真分析了整车稳态转向特性的变化，并进行了主簧刚度改变情况下横向推力杆参数的优化。

第6章 总 结

本书采用多体系统动力学与有限元分析技术的基本理论和方法，建立了低地板城市客车的虚拟样机，按照国家汽车试验标准进行了仿真计算与试验工作，对车辆的性能进行了评价，对虚拟样机进行了验证。并以虚拟样机为基础，对城市客车的悬架系统进行了运动学和动力学分析，对空气悬架的非线性刚度特性进行研究。具体而言，主要包括以下四方面的内容：

(1) 本书开发的低地板城市客车虚拟样机包括前悬架、转向系、后悬架以及轮胎路面模型，同时为保证模型的正确性和高精度，还具有以下一些特色：横向稳定杆和空气悬架导向推力杆的有限元模态分析结果通过 Craig-Bampton 模态综合法集成到整车虚拟样机中，建立了刚柔耦合的多体动力学分析模型，并可以方便地对柔体模态进行选择和分析；为保证虚拟样机的具有合理的侧倾刚度，在悬架与车架的关键连接处施加了弹性橡胶衬套，考虑到橡胶衬套特性的复杂性，暂不考虑其非线性刚度，而是通过非线性的刚度试验数据拟合得到其在预紧变形处的线性刚度；为正确考虑空气悬架的非线性负载特性，通过最小二乘法对试验数据进行了拟合，并施加到悬架系统中。

(2) 在双横臂独立悬架刚弹耦合模型的基础上，研究了弹性橡胶衬套对悬架运动学参数的影响，并提出空气悬架动态刚度的计算方法，分析了双横臂机构和空气弹簧非线性刚度对悬架动刚度的影响。

(3) 低地板城市客车道路试验是在襄樊国家汽车试验场进行的，按照国家车辆路面试验的标准进行了车辆操纵稳定性和平顺性的相关试验并采集大量的试验数据。同时利用所建立的虚拟样机，按照试验条件设计虚拟试验，对稳态转向特性，开闭环瞬态操纵稳定性和平顺性进行了仿真研究。仿真与试验数据表明低地板城市客车在低侧向加速度时，具有近似临界稳态转向特性，高侧向加速度时呈不足转向特性。方向盘角阶跃输入的仿真与试验表明该车具有较好的瞬态操纵稳定性，车身侧倾角和侧向加速度都在较短的时间内达到稳定，而且保持在一个较低的水平。为对系统的移线瞬态特性进行考察，从闭环系统的角度，综合考虑驾驶员特性及道路条件构建驾驶员模型，并与所建立的低地板城市客车虚拟样机进行综合，在车辆移线道路试验的基础上进行了瞬态操纵稳定性研究。低地板客车的设计最高车速为 75 km/h，在巡航车速 50 km/h 时，侧倾角小于 1°，侧向加速度保持在 1.2 m/s^2 范围内，表明车辆在操纵稳定性具有很大的储备，转向灵敏度和行驶的稳定性较高。平顺性试验与仿真都表明该车的垂向振动固有频率在 3 Hz左右，可以避开人体的振动敏感区域。同时，仿真数据与试验数据的变化趋势基本一致，有效的证明了虚拟样机是正确的，且具有较高的精度。

(4) 空气悬架具有很强的非线性刚度特性，所以其设计和匹配与普通悬架相比要复杂得多。本书从空气弹簧的静态负载特性试验数据入手，对空气弹簧的刚度特性和有效截面积的变换规律进行了研究，并拟合了有效截面积与弹簧高度之间的变化关系。对空气弹簧的刚度特性进行的分析表明，在设计高度时，空气弹簧的刚度随囊腔压力的变化是线性的。在此基础上，本书提出了以设计高度的空气弹簧刚度取代虚拟样机空气悬架的非线性特性，按照固定刚度悬架的优化方法进行悬架参数优化，再恢复到空气弹簧的负载特性的空气悬架参数优选方法。空气悬架的导向机构不仅要保证悬架的正确运动轨迹，还要传递悬架与车架之间的各种力和力矩，对车辆的性能有很大的影响。通过调整非独立后空气悬架导向机构横向推力杆的前后位置，仿真计算了导向机构对车辆稳态转向特性的影响，并进行了弹簧刚度改变后导向机构参数的相应匹配。基于虚拟样机的仿真结果显示空气悬架参数优选和匹配的有效性。

参 考 文 献

[1] H. J. Bulinger，J. Warscha.诀速产品开发——一种整体的产品开发模式.吕新生，译.工程设计，1999.3.

[2] Robert R. Ryan，Functional Virtual Prototyping，Mechanical Dynamics，Inc.，2001.

[3] E Baumgart. Stabilization of constraints and integrals of motion in dynamics systems，Computer Methods in Applied Mechanics and Engineering，1972，1:1-16.

[4] R. E Roberson and J. Wittenburg，A dynamical formulism for an arbitrary number of interconnected rigid bodies with reference to the problem of satellite attitude control，Proc. 3rd Congress Int. Fed. Auto. Control(IFAC)，London，1966:325-334.

[5] J. Wittenburg，Dynamics of System of Rigid Body.多刚体系统动力学.谢传锋，译.北京:北京航空学院出版社，1986.

[6] R.K. Cavin，A. R. Dusto，Hamilton's Principle：Finite-element methods and flexible body dynamics，AIAA J. 1984，15(12)：1684-1690.

[7] K. Magnus，Dynamics of Multibody System，Berlin：Springer-Verlag，1978.

[8] E.J. Haug，Computer Aided Analysis and Optimization of Mechanical Systems Dynamics，NATO ASI Series，Berlin:Spring-Verlag，1984.

[9] G. Bianchi and W. Sxhihlen，Dynamics of Mutibody System，Berlin：Springer-Verlag，1986.

[10] R.C. Winfry，Dynamics analysis of elastic link mechanisms by reduction of coordinates，ASME Journal of Engineering for Industry，

1972,94:577-582.

[11] R. P. Singh, R.J. Vander Voor and P.W. Likins, Dynamics of flexible bodies in tree topology-a computer-oriented approach, J. Guidance and Control, 1985,8:584-590.

[12] W. Sunada and S. Dubouwky, The application of finite element methods to the dynamic analysis of flexible spatial and co-planar linage systems, J.of Mechanical Design, 1971,103:643-651.

[13] S. S. Kim and E. J. Haug, A recursive formulation for flexible mutibody dynamics part 1: open-loop system, Computer Methods in Applied Mechanics and Engineering,1988,71:293-314.

[14] S.C. Wu and E.J. Haug, Geometric non-linear substructuring for dynamics of flexible mechanical systems, International Journal for Numerical Methods in Engineering, 1988,26:2211-2226.

[15] A. A. Shabana, Dynamics of Multibody Systems, New York: Wiley, 1989.

[16] F. M. L. Amirouche, Computational Methods in Multibody Dynamics, New Jersy: Prentice Hall, Englewood Cliffs, 1992.

[17] H. Rahnejat, Multi-body Dynamics-Vehicle, Machines and Mechanisms, Pennsylvania, 1998.

[18] W. Schiehlen, Multibody System Handbook, Springer-Verlag,1990.

[19] W. Schiehlen, Advanced Multibody System Dynamics, Kluwer Academic Publisher, 1992.

[20] G. G Lowen and W. G. Jandrasites, Survey of investigations into the dynamic behavior of mechanisms containing links with distributed mass and elasticity, Mechanism and Machine Theory, 1972,7:1-8.

[21] A. G. Erdman and G. N. Sandor, Kineto-elastodynamic—a review of the state of the art and trends, Mechanism and Machine Theory, 1972,7:22-29.

[22] A. G. Erdman, G. N. Sandor and R. G. Oakberg, A general method

for kinto-elastodynamic analysis and synthesis of mechanisms, J. of Engineering for Industry, 1972,9:17-23.

[23] P. W. Likins, Finite element appendage equations for hybrid coordinate dynamic analysis, Journal of Solids & Structure, 1972,8:709-731.

[24] J. Y. L. Ho, Direct path method for flexible multibody spacecraft dynamics, Journal of Spacecraft & Rocket, 1985,14(2):374-383.

[25] J. Y. L. Ho and D. R. Herber, Development of dynamics and control simulation of large flexible space systems, J. of Guidance Control and Dynamics, 1985, 8(3): 374-383.

[26] W. W. Hooker, Equations of motion for interconnected rigid and elastic bodies, Celestial Mechanics, 1975,11:337-359.

[27] Ph. Boland, J. Cl. Samin and P. Y. Willems, Stability analysis of interconnected deformable bodies with close-loop configuration, J. of AIAA, 1975, 13:231-243.

[28] 洪嘉振,等.多体系统动力学——理论、计算方法和应用.上海:上海交通大学出版社,1992.

[29] 刘延柱,等.多刚体系统动力学.北京:高等教育出版社,1987.

[30] 洪嘉振.计算多体系统动力学.北京:高等教育出版社,1999.

[31] [德]M.米奇克.汽车动力学 A 卷.2 版.陈荫三,译.北京:人民交通出版社,1992.

[32] [苏联]E.A.曲可达夫.汽车理论.龙门联合书局,1954.

[33] [美]R.罗森伯.离散系统分析动力学.程道,郭坤,译.北京:人民教育出版是 1982.

[34] 贾书惠.刚体动力学.北京:高等教育出版社,1987.

[35] 袁士杰,吕哲勤.多刚体系统动力学.北京:北京理工大学出版社,1996.

[36] 林逸.带有非完整约束的汽车多刚体系统动力学研究.吉林工业大学博士论文,1989.

[37] W. Gear, Simultaneous numerical solution of differential-algebraic

equations，IEEE Transactions on Circuit Theory，1971,.CT-18(1)：213-221.

[38] N. V. Orlandea，M. A. Chace and D. A. Calahan，A sparsity-oriented approach to the dynamics analysis and design of mechanical system～part 1，ASME J. of Engineering for Industry，1977，8:432-441.

[39] N. K. Mani，E. J. Haug and K.E. Atkinson，Application of singular value decomposition for analysis mechanical system dynamics，ASME J. Mechanisms，Transmissions and Automation in Design，1972，7：387-395.

[40] 张越今.多体动力学在轿车动力学仿真及优化研究中的应用.清华大学博士论文，1997.

[41] 陆佑方.柔性多体系统动力学.北京：高等教育出版社，1996.

[42] 詹文章.汽车独立悬架多体系统动力学仿真研究及转向轮高速摆振特性分析.吉林工业大学博士学位论文，2000.

[43] 黄文虎，等.多柔体系统动力学.科学技术出版社，1997.

[44] 刘延柱.多刚体系统动力学的旋量-矩阵方法.力学学报，1988，20(4)：335-344.

[45] 林宝玖，射传锋.柔性多体系统动力学.力学学报，1998，21(3)：469-478.

[46] 宋培林，孙序梁.树形带球铰的多刚体系统动力学方程的建立方法.力学学报，1990，22(1)：95-98.

[47] 宋明.多刚体系统动力学的子系统递推法.应用力学学报，1990，7(4)：115-122.

[48] Hong Jia Zhen，Pan Zhen Kuan，Dynamics of flexible multibody system with tree topologies，Acta Mechanica Sinica，1992，8(3)：271-278.

[49] 洪嘉振，潘振宽.柔性航天器动力学.宇航学报，1992，4：59-62.

[50] 潘振宽，洪嘉振，刘延柱.柔性机械臂动力学方程单向递推组集建模方法.力学学报，1993，25：327-333.

[51] 洪嘉振，潘振宽.柔性多体航天器动力学.宇航学报，1991，2：33-39.

[52] 洪嘉振，潘振宽.柔性多体系统动力学方程的递推组集与并行计算.陈滨主编.动力学、振动与控制的研究.北京：北京大学出版社，1994：209-213.

[53] 章定国."分路"方法在树系统动力学分析中的应用.力学学报.1994，26(3)：342-347.

[54] 齐朝晖，唐立民，陆佑方.一种建立多体系统计算模型的新方法.力学学报，1994，26(5)：593-598.

[55] 郭吉丰，童忠钫.多扰体系统运动学和动力学模型的线性化方法.宇航学报，1992，4：17-26.

[56] 潘振宽，洪嘉振.刚-弹惯性耦合下变形体动力学响应分析.应用力学学报，1994，12(2)：41-46.

[57] 李晶，李明瑞，黄文彬.刚柔耦合约束多体系统的动力学分析.力学学报，1994，26(3)：333-340.

[58] 李小平.黎曼位移空间中约束多体系统的动力学分析.力学学报，1997，29(6)：744-749.

[59] 刘延柱.完全笛卡尔坐标描述的多体系统动力学.力学学报，1997，29(1)：84-94.

[60] 王济勇，洪嘉振.柔性多体系统的递推组集建模与仿真软件的实现.应用力学学报，1988，14(2)：121-126.

[61] Yu Qing and Hong Jia Zhen, Static correction modes in dynamical simulation of flexible multibody system with closed loops, Journal of Shanghai Jiao Tong University, 1997, E-2(1)：17-20.

[62] 王琪，黄克磊.陆启韶.树形多体动力学的隐式算法.力学学报，1996，28(6)：717-725.

[63] 王琪，黄克磊.陆启韶.具有奇异位置的多体系统动力学方程的隐式算法.计算力学学报，1997，14(4)：382-387.

[64] 潘振宽，赵维佳，洪嘉振，等.多体系统动力学微分/代数方程组数值方法.力学进展，1996，26(11)：28-39.

[65] 倪纯双，洪嘉振，贺启庸.微分-代数型动力学模型的符号线性化方法.

1997,29(4):491-495.

[66] 于清,洪嘉振.受约束多体系统一种新的违约校正方法.力学学报,1998,30(3):300-306.

[67] 齐朝晖,唐立民.有限转动张量的保角参数及在多柔体系统中的应用.力学学报,1998,30(6):711-718.

[68] 洪嘉振,梁敏.多刚体系统内碰撞数学模型和计算程序.力学学报,1989,21(4):509-512.

[69] 梁敏,洪嘉振.多刚体系统碰撞动力学方程及可解性判别准则.应用力学学报,1991,8(1):56-62.

[70] 刘锦阳,洪嘉振.柔性机械臂接触问题的研究.机械科学与技术,1997,16(1):100-114.

[71] 刘锦阳,洪嘉振.空间伸展机构接触碰撞的动力学分析.宇航学报,1997,18(3):14-19.

[72] 王奋飞.变结构多刚体系统的动力学问题.力学学报,1990,22(4):506-512.

[73] R.R McHenry, An analysis of the dynamics of automobiles during simultaneous cornering and ride motions, in handling of vehicles under emergency condition, Proc. Inech. W, 1968, 9(13):28-48.

[74] M.A. Chace, Methods and experience in computer aided design of large displacement mechanical systems, Computer aided analysis and optimization of mechanical system dynamics, NATO ASI Series, F9, 1984:233-259.

[75] N. Orlandea, M.A. Chace and D.A. Calahan, A sparsity-oriented approach to the dynamic analysis and design of mechanical systems, Part 2, Trans. ASME, J. Engng. for Indust., 1977,99:773-784.

[76] N. Orlandea and M. A. Chace, Simulation of a vehicle suspension with ADAMS computer program. SAE Technical Paper, No.770053, 1977:13-19.

[77] R.W. Allen, T.J Rosenthal and T.H. Szostak, Steady state and

transient analysis of ground vehicle handling, SAE Technical paper, No.870495, 1987:49-78.

[78] H.B. Pacejka. Simplified analysis of steady state turning behavior of motor vehicle—Part 1: Handling diagram of simple system, Vehicle System Dynamics, 1973,(2):161-172.

[79] S. Hegazy, H. Rahnejat and K. Hussain. Multi-body dynamics in full-vehicle handling analysis under transient manoeuvre, Vehicle System Dynamics, 2000,(34):1-24.

[80] A. Hussien Ahmed, A. Shabana, Wei Jiung Tsung and Micheal R. Fetcho. Dynamic and vibration analysis of a vehicle rear axle system, Vehicle System Dynamics, 2000(33):205-231.

[81] 林逸,张洪欣,温吾凡.多刚体系统动力学在汽车独立悬架运动分析中的应用.汽车工程,1990,1:15-29.

[82] 温吾凡,张本德.多刚体系统动力学及其在汽车动力学分析中的应用.汽车工程,1986,4:3-15.

[83] 林逸,李润,张洪欣.汽车悬架闭环多体系统运动学分析.应用力学学报,1989,6(3):21-27.

[84] 上官文斌,黄虎,刘德清.多刚体系统动力学在转向系和悬架运动学分析中的应用.汽车工程,1992,14(1):19-3.

[85] 蒋勇.ADAMS 软件的剖析及其在汽车 ABS 系统控制规律研究中的应用.吉林工业大学硕士学位论文,1997.

[86] 刘岩.CA6440 轻型客车悬架和学研究.吉林工业大学硕士学位论文,1999.

[87] 詹文章.CA7220 型轿车前悬架动力学研究.吉林工业大学硕士学位论文,1997.

[88] 邓培红.汽车悬架运动学模拟——应用多刚体系统动力学方法.清华大学大学硕士学位论文,1989.

[89] 陈欣.汽车悬架多柔体系统动力学研究.吉林工业大学博士学位论文,1995.

[90] Yi Lin, Wenzhang Zhan, Yan Liu, et al. Dynamics simulation research on rigid-elastic coupling system of car suspension, SAE2000-01-1622.

[91] 张越今.汽车多体动力学及计算机仿真.长春:吉林科学技术出版社,1998.

[92] Bill Visnic, Like riding on air—Firestone industrial moves air ride to light trucks, Journal of world's anto world, Sep.1999: 73.

[93] J. R Revans, Rail vehicle dynamic simulation using VAMPIRE, Vehicle System Dynamics Supplement, 1999(31): 119-140.

[94] Katsuya Yoyofuku, Chuuji Yamada, Toshiharu Kagawa and Toshinori Fujita, Study on dynamic characteristic analysis of air spring with auxiliary chamber, Society of Automotive Engineers of Japan, JSAE9931404.

[95] 丁良旭.空气弹簧悬挂的计算机模拟.中国公路学报,1997(1):97-104.

[96] 董学锋.膜片空气弹簧的设计计算.汽车技术,1990(3):4-9.

[97] D. Hrovat, Survey of advanced suspension developments and related optimal control applications, Automatica, 1997,133(10):1781-1817.

[98] 中华人民共和国国家标准——汽车悬架用空气弹簧橡胶气囊.UDC629.012.85,GB/T 13061-91.

[99] Jon Bunne and Roger Jable. Air suspension factors in driveline vibration, SAE962207, 1996: 389-396.

[100] 林莺,詹跃进.JS6120H 型低地板城市客车的研制.客车技术与研究,Vol.21, 1999.4.

[101] 王为盛.SWB6120 城市客车.上海申沃汽车有限公司技术报告.

[102] M V Blundell, The modeling and simulation of vehicle handling, Part 2: vehicle modeling, Proc Instn Mech Engrs Vol 213 Part K, 119-134.

[103] M V Blundell, The modelling and simulation of vehicle handling, Part 3: tyre modelling, Proc Instn Mech Engrs Vol 214 Part K,

1-32.

[104] M V Blundell, The modelling and simulation of vehicle handling, Part 4: handling simulation, Proc Instn Mech Engrs Vol 214 Part K,71-94.

[105] S. Hegazy, H. Rahnejat and K. Hussain, Multi-body dynamics in full-vehicle handling analysis under transient manoeuvre, Vehicle System Dynamics, 2000,(34):1-24.

[106] H.B. Pacejka, Simplified analysis of steady state turning behavior of motor vehicle-Part 1: Handling diagram of simple system, Vehicle System Dynamics, 1973,(2):161-172.

[107] R.W. Allen, T. J Rosenthal and T.H. Szostak, Steady state and transient analysis of ground vehicle handling, SAE Technical paper, No.870495, 1987:49-78.

[108] N. Orlandea and M. A. Chace, Simulation of a vehicle suspension with ADAMS computer program. SAE Technical Paper, No. 770053, 1977:13-19.

[109] 傅志方,华宏星.模态分析理论与应用.上海:上海交通大学出版社,2000.

[110] 王文亮,杜作润.结构振动与动态子结构方法.上海:复旦大学出版社,1985.

[111] Mode flexible method in ADAMS, MDI handbook, 1999.

[112] 余志生.汽车理论.北京:机械工业出版社,1999.

[113] 王其东.基于多体理论的汽车悬架系统分析、设计与控制研究.合肥工业大学博士学位论文,2002.

[114] 马昌友.汽车双横臂独立悬架运动分析和最优设计探讨.客车技术与研究,1999,21(1):9-15.

[115] 吕振华,徐建国.五连杆悬架的刚体运动学和弹性运动学分析.汽车技术,2002(11):10-14.

[116] 陈欣,林逸等.弹性元件对悬架性能的影响.汽车技术,1996(5):11-13.

[117] 陈欣，林逸，王望予，等.弹性元件对奥迪轿车前悬架力学特性及顺从性的影响.汽车工程，1995，17(3)：157-163.

[118] 中华人民共和国国家标准，汽车操纵稳定性术语及其定义，GB/T 12549-90.

[119] 中华人民共和国国家标准，汽车操纵稳定性指标限值与评价方法，GB/T 13047-91.

[120] 中华人民共和国国家标准，汽车操纵稳定性试验方法——蛇行试验，GB/T 6323.1-94.

[121] 中华人民共和国国家标准，汽车平顺性随机输入行驶试验方法，GB/T 4970-1996.

[122] 中华人民共和国国家标准，汽车平顺性脉冲输入行驶试验方法，GB/T 5902-1986.

[123] SWB6125 型城市客车动力学特性试验试验报告.襄樊国家客车质量检验中心，O3-W7-ZC-121，2002.

[124] 赵又群.人-车-路闭环系统主动安全性的客观评价.吉林工业大学博士学位论文，1998.

[125] 林柏忠.关于人-车-路闭环系统稳定性及操纵性的研究.吉林工业大学博士学位论文，1994.

[126] 郭孔辉.汽车操纵动力学.长春：吉林科学技术出版社，1991.

[127] 屈求真.汽车侧向动力学及其控制研究.上海交通大学博士学位论文，1999.

[128] Air stroke actuators and air mount isolators，Firestone handbook，1998.

[129] 左曙光，熊伟，等.后桥参数对螺旋弹簧非独立悬架侧倾刚度影响研究.汽车技术，2002(12)：18-20.

[130] 孙为群.汽车空气悬架的结构型式及导向机构研究.汽车技术，2000(6)：11-14.